La contrefaçon du luxe

Menace pour la France au Japon ?

Collection Entreprises et Management

Dirigée par Ludovic François,

Maître de Conférence au Groupe HEC

Ouvrages parus

Emmanuel CAULIER, Investir en Russie : une approche juridique globale, 2003.

Malori MANI, L'Union européenne dans la lutte contre le blanchiment d'argent : Entre intérêts nationaux et intérêts communautaires, 2003.

Marc SORBIER, La clientèle commerciale : cession, location et partage, 2003.

Photographie : Michel BAZIN, http://www.mizopoint.net.

Ingrid FAUVELIERE

LA CONTREFAÇON DU LUXE

MENACE POUR LA FRANCE AU JAPON ?

L'Harmattan
5-7, rue de l'École-Polytechnique
75005 Paris
FRANCE

L'Harmattan Hongrie
Hargita u. 3
1026 Budapest
HONGRIE

L'Harmattan Italia
Via Bava, 37
10214 Torino
ITALIE

ISBN : 2-7475-6265-4
EAN : 9782747562652

REMERCIEMENTS

Le présent ouvrage est issu d'un mémoire de mastère en Management des Risques Internationaux, soutenu à HEC le 28 mars 2003.

A l'occasion de cette publication, l'auteur tient à adresser ses plus vifs remerciements à toutes les personnes rencontrées pendant ses recherches pour leur disponibilité et les informations recueillies.

INTRODUCTION

1854, Louis Vuitton fonde la Maison et présente sa première ligne de bagagerie à la clientèle française, des malles plates habillées d'une toile grise, remplacée à peine trente années plus tard par une toile rayée, puis à damier.

1896, la société parisienne découvre des accessoires de maroquinerie façonnés dans un cuir agrémenté des initiales du créateur et de motifs floraux. L'apposition du monogramme sur la bagagerie ne correspondait alors aucunement au goût de l'époque, mais était la seule réponse trouvée par une Maison face à la montée des copies illicites de ses produits.

Un siècle plus tard, la situation n'a guère changé et, au contraire, eu plutôt tendance à se dégrader pour Louis Vuitton, comme pour l'ensemble des entreprises du secteur du luxe. Toutes sont aujourd'hui confrontées, sur le marché national et, plus encore, sur leurs marchés étrangers, à la contrefaçon, c'est-à-dire à « *toute reproduction/imitation illégale d'un produit* »[1]. Or, pour de nombreuses maisons, l'exportation constitue un débouché extrêmement important. Ainsi, le marché japonais représente à lui seul environ 35% du chiffre d'affaires global de Louis Vuitton.

---

[1] Définition large donnée par le Guide ORGALIME, Combattre la contrefaçon, octobre 2001 qui ajoute « *qu'une reproduction/imitation n'est illégale que parce qu'un droit de propriété intellectuelle (DPI) a été violé, entre autres : une marque de fabrique ou de commerce enregistrée ou un nom commercial et/ou un droit réservé et non enregistré sur les « emballages » ou « get up » ou sur la désignation d'un produit et/ou un brevet, un modèle d'utilité et/ou un dessin et modèle ou un « design patent » et/ou un droit d'auteur.* »

Si l'on a, un temps, cru à l'enrayement parfait de la contrefaçon sur l'archipel nippon, force est de constater aujourd'hui une recrudescence du phénomène. Celle-ci est d'autant plus préoccupante que le trafic du faux a considérablement évolué au cours des dix dernières années. Autrefois contrefacteur, le Japon est devenu un marché cible pour des trafiquants qui l'alimentent essentiellement à partir de la Chine et de la Corée du Sud. A cette nouvelle donne géographique s'ajoutent des changements plus radicaux dans la conception des produits. Alors que la qualité des faux s'améliore continuellement, leur fabrication n'a plus rien d'artisanale, permettant, au contraire, d'inonder grâce à l'industrialisation de leur outil de travail, le marché japonais d'une production de masse.

L'enjeu est alors double pour Louis Vuitton et ses concurrents puisqu'il s'agira non seulement de la sauvegarde d'un marché ancien et porteur, mais aussi de la création d'un environnement optimal pour leur développement sur les marchés voisins, analysés aujourd'hui comme à très fort potentiel. Si l'essor de la contrefaçon des produits de luxe au Japon représente aujourd'hui un risque non négligeable pour les groupes de luxe qui y sont actifs (Partie I), en raison de la pluralité de causes conjoncturelles et structurelles qui l'alimentent (Partie II), toute lutte ne doit, en revanche, nullement être considérée comme vaine. Une prise de conscience généralisée, tant privée que publique conduisant à l'organisation, puis à la coordination des actions de lutte à l'échelle nationale, régionale et mondiale pourrait, à terme, déboucher sur une amélioration réelle de la condition des entreprises étrangères actives sur le marché du luxe japonais (Partie III).

PREMIERE PARTIE : LA CONTREFAÇON DES OBJETS DE LUXE, AU JAPON UN RISQUE CONTEMPORAIN

Aujourd'hui, nombreux observateurs alertent les groupes de luxe présents sur le marché japonais d'une inquiétante montée de la contrefaçon. La menace mérite d'être prise au sérieux dans la mesure où nombreux croyaient le secteur du luxe japonais quasiment insensible à ce risque (Chapitre 1) qui a eu pour conséquence le développement de formes plus agressives et sournoises de contrefaçon (Chapitre 2).

CHAPITRE 1 : LE LUXE, PARTIE INTEGRANTE DE LA SOCIETE JAPONAISE

Crise financière ou mutation sociale, depuis 1990 le Japon est invariablement présenté comme embourbé dans son propre modèle économique, décrié aujourd'hui comme inadapté. Pourtant, alors que l'avenir du pays semble être des plus noirs, une chose frappe les esprits : en dépit du ralentissement économique, la population nipponne consomme. Toutefois, elle ne consomme pas indifféremment de tout. Non, ses faveurs vont presque exclusivement au secteur du luxe, européen de préférence. Ainsi, malgré la crise, les plus importantes marques de luxe telles Louis Vuitton, Christian Dior ou Hermès s'installent ou se développent au Japon et y connaissent parfois une croissance avoisinant les 100%[2].

Cette situation quelque peu paradoxale mérite qu'il soit tout d'abord fait une analyse du marché japonais du luxe (Section A), avant de s'attarder sur le comportement si particulier de ses consommateurs (Section B).

SECTION A : LE LUXE AU JAPON, ANALYSE D'UN MARCHE D'EXPORTATION CLEF

L'actuelle santé du luxe au Japon est la résultante d'une longue relation entre le monde asiatique (§ 1) et le monde occidental, sous-tendue par l'estime et l'intérêt réciproques que se témoignent les deux cultures (§ 2).

---

[2] B. B, « Les nouveaux Tanguy », *Le Nouvel Observateur,* 30 mai – 5 juin 2002.

§ 1 Séduction et conquête du Japon par le luxe

Si le Japon s'est révélé au cours du dernier siècle être un marché prometteur pour le luxe, ce sont, en particulier, les grandes marques françaises de l'habillement, de la joaillerie, de la maroquinerie et de la parfumerie qui ont bénéficié de l'attirance exceptionnelle des Japonais pour ce secteur.

1. La présence du luxe sur le marché nippon

La pénétration du marché nippon par le luxe français est encore relativement récente[3] et ne date, au plus, que des années 1970 (ex : 1978 pour Louis Vuitton[4]). Au cours de cette période, concomitamment à l'ouverture du pays sur l'international, les premières marques de luxe ont été introduites sur la péninsule. Ses habitants découvrent alors l'art de vivre de la société occidentale moderne.

Progressivement, notamment sous la pression des pays du G7 qui veulent en faire, la deuxième locomotive de l'économie mondiale après l'Allemagne, le Japon accroît ses importations et décide une baisse du taux directeur de la banque centrale pour contrebalancer la hausse de sa monnaie. Stimulés par une conjoncture économique favorable, les ménages japonais se mettent alors à consommer[5], trop.

---

[3] Edmond BOUSSEMART, Le secteur du luxe au Japon, Mastère HEC, décembre 2000.

[4] Anonyme, « Foreign Brand Goods Unaffected by Recession-Companies Boost Offensive in Japan by Opening New Stores », *Foreign Press Center*/Japan, 2001, http://www.fpcj/e/shiryo/jb/0105.html.

[5] Sabine GOLDIE, « L'archipel nippon à la recherche de la croissance perdue », *Le Nouvel Economiste*, 25 octobre 2002.

Dix ans plus tard, l'exceptionnelle croissance économique de la fin des années 1980 a littéralement porté une consommation de produits de luxe toujours plus élevée chez les Japonais. Acheter et s'entourer de luxe devient un acte de prestige social, preuve de réussite professionnelle, mais aussi une manière de se rapprocher de la culture européenne tant estimée. Au début des années 90 pourtant, la bulle financière qui s'était lentement créée sur le marché japonais, éclate. Après une vague de surinvestissements et de surendettements, le 1er janvier 1990 l'indice de la Bourse de Tokyo accuse une profonde chute. Avec l'effondrement de la bourse commence une période de crise pour le Japon, dont souffriront indifféremment tous les secteurs, du moins dans un premier temps.

Après une période de morosité des consommateurs, marquée néanmoins par une césure en 1995 où un yen fort a favorisé les importations, c'est à la fin de l'année 1998 qu'un certain nombre d'acteurs du luxe peuvent, enfin, se féliciter d'une amélioration significative de leurs résultats. En effet, malgré les difficultés économiques du pays, plus que jamais présentes, les plus grandes maisons étrangères enregistrent une nette augmentation de leur chiffre d'affaires réalisé au Japon, alors que le marché japonais du luxe accuse globalement une baisse de près de 10% entre 1996 et 1998, passant de 4 300 milliards de yens à 3 900 milliards[6]. Le joaillier Cartier voit ses ventes au Japon progresser de 18% en horlogerie et de 20 à 25% en joaillerie du 1er avril au

[6] Sylvie CHEVALLIER, CB News n° 595, 20 au 26 décembre 1999 ; Virginie JACOBERGER, « Après l'Asie le beau temps », *Valeurs Actuelles,* 20 novembre 1999.
EUR/YEN = 128,90 et EUR/USD = 1,1057 au 11 mars 2003.

31 octobre 1998[7], tandis que d'autres tels Hermès ou Louis Vuitton choisissent justement ce moment pour ouvrir plus que jamais leurs portes au Japon par l'inauguration de nouvelles boutiques et l'organisation d'événements publicitaires.

La réalité est donc contrastée et l'on observe que les seules entreprises qui réussissent à se maintenir, voire même à se développer en cette période de crise, sont celles d'origine européenne (française ou italienne) et qui auront su être innovantes, se rendre visibles au consommateur et s'entourer à temps d'alliés utiles. En effet, si l'on retient les exemples de Louis Vuitton, Hermès, Gucci, Prada et Max Mara, ces griffes appartiennent toutes à des groupes puissants qui leur apportent le soutien financier et médiatique nécessaires au contrôle efficace de leurs canaux de distribution et à l'élargissement de leurs gammes de produits[8].

Depuis 1999 et aujourd'hui encore, le luxe semble bien se porter au Japon. Cet univers singulier paraît rester insensible à la récession économique et aux diverses difficultés l'accompagnant qui, elles, ne semblent nullement vouloir se résorber. Les lourds investissements réalisés par les plus grandes maisons, tant en amont (ex : réduction des licences de franchise) qu'en aval (ex : ouvertures de nouvelles boutiques, lancement de campagnes de publicité planétaires), semblent être payants. Les opérations de croissance externe leur accordent le bénéfice de tous les avantages de la taille, les synergies offertes par un groupe permettant de réduire

---

[7] Marie LEJEUNE-PIAT et Françoise VIDAL, « Depuis que l'Asie pleure, l'Europe rit », *CB News Spécial Luxe*, n° 551, 21 au 27 décembre 1998.

[8] François MOLHO, « Le luxe dans tous ses éclats », *Valeurs Actuelles*, 20 novembre 1999; annexe 1.

sensiblement les coûts[9]. L'activité de LVMH dans la branche mode et maroquinerie, par exemple, a nettement repris dans la zone asiatique au travers des Global Stores et totalise au niveau mondial un résultat en croissance de 15% pour 1999[10]. Si l'ensemble des ventes réalisées par le groupe au Japon s'est accru de 10,5%, à 3 milliards de francs, les différents pôles font état d'une évolution inégale. En effet, c'est surtout la marque Louis Vuitton qui y a connu la plus forte progression avec une croissance de 11,6% entre janvier et juin 1999, alors que les résultats affichés par la division Parfums et Cosmétiques sont plus modestes (croissance de 3 à 4% des ventes). Pour la branche vins et spiritueux, la réalité est fort contrastée sur la même période. Si le champagne se porte extrêmement bien – le marché nippon promet une explosion des ventes de 300% d'ici 2004 –, le cognac n'arrive plus à atteindre ses performances passées (recul de 8 à 9% du chiffre d'affaires)[11].

Ainsi, ce bref rappel de la pénétration du marché japonais par le luxe confirme largement la thèse selon laquelle les périodes de crise profitent toujours aux valeurs refuges. En l'espèce, il s'agit des marques les plus anciennement et solidement établies qui, selon les spécialistes, « *en sortent renforcées. Le consommateur se concentre sur les signatures les plus emblématiques* »[12].

---

[9] Laurence BAGOT, « Luxe : de la griffe à la marque », *Enjeux Les Echos*, mars 2000.

[10] X. I., « LVMH porté par la nette reprise en Asie », *Les Echos*, 20 septembre 1999 ; voir aussi Bénédicte EPINAY, « La crise asiatique n'est plus qu'un mauvais souvenir pour les membres du Comité Colbert », *Les Echos* 23 juin 1999.

[11] Bénédicte EPINAY, « LVMH célèbre le retour d'une croissance à deux chiffres en Asie », *Les Echos*, 23 juin 1999.

[12] Ian Mc MARTIN, Directeur au département Global Retail Consumer and Industry chez PWC, dans *CB News Spécial Luxe*, « Les nouveaux challenges », Marie LEJEUNE-PIAT, n° 684, 17 au 23 décembre 2001.

2. L'attirance particulière de la société nippone pour le luxe français

Une rapide observation de la société nippone montre que cette dernière est particulièrement attirée par la France, en particulier par ses produits de luxe. Cet intérêt trouve sa justification aussi bien dans des considérations d'ordre culturel et artistique que dans des enjeux plus politiques.

En effet, on relève depuis longtemps une volonté affichée d'occidentalisation au sein de la société nippone, notamment pour satisfaire à des impératifs politiques. Tendance lourde, ce rapprochement ne doit néanmoins pas se faire à n'importe quel prix, au sacrifice de l'indépendance du pays, en particulier vis-à-vis des Etats-Unis. Selon certains, l'attrait pour la France serait une forme de résistance passive vis-à-vis de la puissance occupante après la Seconde Guerre Mondiale. L'ouverture sur l'Europe viendrait ainsi en réponse à la menace d'une « *colonisation* », de dépendance économique, militaire et culturelle vis-à-vis des Etats-Unis[13].

Abstraction faite de ces considérations politiques, la France est en soi un pays qui plaît aux Japonais, en raison du prestige culturel dont elle sait s'entourer. Présentée avec l'Italie comme la patrie des Arts et de la plus belle langue du monde, la France fait figure de berceau de la civilisation occidentale. Son histoire ancienne convient à la mentalité japonaise dans laquelle le respect de la tradition joue un rôle essentiel.

---

[13] Ariane BRESSE, 1945-1990 : la mode de la France au Japon, Université de Paris I Panthéon-Sorbonne, 1998.

Nation héritière d'un riche passé historique et culturel, la France est aussi ancrée dans l'esprit des Japonais comme un pays où il fait bon vivre. Elle est une référence en matière de bon goût (ex : la haute couture française), d'art de vivre (ex : les règles de bienséance, les manifestations culturelles) et de gastronomie (ex : les plaisirs de la table et du vin). Ces attributs en font d'ailleurs une destination de voyage privilégiée. Une visite de sa capitale Paris ne saurait, d'ailleurs, manquer à aucun circuit touristique à travers l'Europe.

Pour ces multiples raisons, les marques françaises bénéficient aujourd'hui encore d'une légitimité exceptionnelle auprès des Japonais qui, lorsqu'ils achètent un produit français, ont certainement l'impression d'acheter un peu de l'image de cette « *France du champagne et des parfums* » raillée, il fut un temps, par Georges Pompidou[14].

§ 2 Photographie contemporaine du marché du luxe nippon

Le nouvel essor de leurs ventes enregistré, malgré la crise asiatique[15], à la fin des années 90, par les plus grandes maisons étrangères implantées au Japon, a décidé les acteurs du luxe à être plus que jamais présents sur ce marché, tout en redéfinissant leur politique marketing et stratégique.

---

14 Agnès AYMARD, Comment rester compétitif sur le marché des produits de luxe, au Japon et en Asie du Sud-Est ?, ESIAE Paris, 1997/1998.

15 Annexes 3, 4.

1. Les données clefs du marché du luxe au Japon

A lui seul le Japon représente aujourd'hui 18% du marché total des articles de luxe, évalué à 1 981 milliards de yens (17,2 milliards d'euros)[16]. Au cours de ces dernières décennies, l'identité des acteurs sur le marché japonais du luxe n'a guère changé. L'on retrouve invariablement parmi les plus puissants, le groupe LVMH détenant entre autres les marques Louis Vuitton, Christian Dior, Givenchy, Céline, Guerlain, Chaumet, Tag Heuer, Duty Free Shoppers, son rival Pinault-Printemps-La Redoute avec dans son portefeuille notamment Gucci, Yves Saint Laurent, Boucheron, le groupe Richemont, propriétaire de Cartier, Lancel, Alfred Dunhill, Montblanc et Jaeger Lecoultre, les vieilles maisons Hermès, Chanel et Tiffany & Co. Le taux de pénétration du marché japonais par le luxe européen n'a fait qu'augmenter et flirte aujourd'hui avec la barre des 65% (62% pour 2000). Les ventes réalisées par les douze premières marques au Japon se montent en 2000 à 347,3 milliards de yens (3 milliards d'euros)[17].

La part du chiffre d'affaires mondial réalisé par ces groupes sur l'archipel avoisine en général les 15, voire même les 20%. Le groupe LVMH, par exemple, comptabilise ainsi avec quarante-six boutiques pour la seule marque Louis Vuitton un chiffre d'affaires de 100,3 milliards de yens en 2000, ce qui représente une augmentation de 16,2% de ses ventes. Ainsi, le Japon contribue pour un tiers des ventes

---

[16] Annexes 4, 5.

[17] Marie LEJEUNE-PIAT, « Les nouveaux challenges », *CB News Spécial Luxe*, n° 684, 17 au 23 décembre 2001 ; Annexe 5.

mondiales de la griffe[18], qui peut aujourd'hui se féliciter d'être la première marque présente sur l'archipel. « *Près d'un Japonais sur six possédait au moins un article Louis Vuitton en 2001, soit plus de 20 millions de personnes* », constate un rapport de la Mission Economique de Tokyo.[19] L'attrait particulier pour cette marque s'explique pour certains par les motifs floraux qui accompagnent le monogramme depuis 1900 et correspondent au goût de la société occidentale de l'époque pour l'orientalisme. Ces motifs quelques peu « *japonisants* » évoqueraient à la clientèle japonaise d'anciens signes tribaux. On constate, par ailleurs, que, dans l'esprit de cette dernière les seules marques prestigieuses sont les grandes marques nationales, les marques importées et Louis Vuitton, ce dernier constituant un univers propre se situant quelque part entre Orient et Occident[20].

Si le client japonais achète une partie des produits de luxe sur le territoire japonais, une partie importante des achats, bien qu'en légère baisse depuis quelques années et particulièrement depuis le 11 septembre 2001, est effectuée à l'étranger. Ainsi, selon des sources en date de décembre 2000, plus d'un client sur trois des boutiques ouvertes en Europe et aux Etats-Unis est japonais[21]. 50% et plus du chiffre d'affaires mondial des grandes marques est ainsi réalisé grâce à la clientèle japonaise[22].

---

[18] Dominique HOELTGEN, « L'argent du voyage reconverti en achats », *CB News Spécial Luxe*, n° 684, 17 au 23 décembre 2001.

[19] MINEFI – DREE, « Le marché du luxe au Japon », *Fiche de synthèse*, septembre 2002.

[20] Entretien avec Bertrand STALLA-BOURDILLON, Directeur Général Adjoint de LVMH Fashion Group, Paris, 22 janvier 2003.

[21] Edmond BOUSSEMART, Le secteur du luxe au Japon, Mastère HEC, décembre 2000.

[22] Annexe 6.

Les perspectives de profits sur ce marché sont, elles aussi, fort intéressantes. Ainsi, des marges juteuses, dues en partie à une augmentation systématique des prix des produits européens de 25% par rapport aux prix pratiqués en France et justifiés par les fabricants par les coûts de la présence sur l'archipel[23], laissent plus que rêveur. L'exemple est cité d'un rouge à lèvres Lancôme sur lequel la marge réalisée est de l'ordre de 3000%[24].

2. Les défis lancés au management de l'objet de luxe

Pour répondre à une demande croissante des consommateurs japonais, les plus importants groupes de luxe se sont empressés d'affermir leur présence sur le territoire, notamment par l'ouverture de nouveaux espaces de ventes. Louis Vuitton a, tour à tour, inauguré en novembre 2000 sa plus grande boutique occupant 1 230 m² du prestigieux centre commercial Matsuya de Ginza, quartier chic de Tokyo, suivi d'un immeuble entier sur Omotessando, équivalent à l'avenue Montaigne à Paris[25]. Christian Dior et Hermès l'ont suivi dans cette course, ouvrant respectivement des méga-stores de 800 et 6 000 m² dans les plus chics quartiers de la capitale nipponne.

---

[23] Philippe PONS, « La contrefaçon prospère sur le marché du luxe au Japon », *Le Monde*, 9 octobre 2002 ; Anonyme, « LVMH opens 7th Japanese megastore ; says confident despite weak economy », *AFX News*, 1er septembre 2002, http://www.ananova.com/business/story/sm_661866.html?menu=.

[24] Edmond BOUSSEMART, Le secteur du luxe au Japon, Mastère HEC, décembre 2000.

[25] Martine HENNO, « Le Japon, éternel eldorado des griffes », *Le Figaro*, 8 juillet 2002.

Cette envolée de la consommation de produits de luxe confronte son management à de nouveaux défis. Le risque de voir les offres glisser vers un marché de masse est grand. Or, l'idée d'une telle démocratisation est antinomique du concept même du luxe qui attire justement par son caractère inaccessible, la part de désir et de rêve, de prestige qu'il véhicule dans l'esprit du public japonais. En conséquence, la marque Louis Vuitton a choisi de faire rimer tradition avec innovation et renouvelle constamment ses collections (ex : la maroquinerie printemps-été 2003, une collection « *ludique et haute en couleurs* » dessinée en collaboration avec T. Murakami[26]).

SECTION B : LES JAPONAIS, UNE CLIENTELE PARTICULIERE POUR LES GROUPES DE LUXE

L'analyse du marché japonais du luxe serait incomplète sans une étude de ses consommateurs. En effet, ces derniers révèlent une série de caractéristiques propres qui les distinguent des consommateurs étrangers, tant en ce qui concerne leur profil (§ 1) que leur comportement d'achat (§ 2).

§ 1 L'évolution du consommateur japonais

Par rapport aux autres pays, le Japon se distingue par son nombre important de consommateurs réguliers de produits de luxe. Leur situation financière aisée leur permet de s'offrir de

---

[26] Voir la présentation sur http://www.vuitton.com.

manière habituelle des objets de luxe, qu'il s'agisse de parfums, de cosmétiques, de vêtements ou d'accessoires. Deux traits caractérisent ces consommateurs. Il s'agit en majorité de femmes, appartenant généralement à la jeune génération.

1. La femme, « turbo » de la consommation japonaise

Au Japon, la femme est le moteur de la consommation. D'après un sondage réalisé par l'Institut Hakuhodo, 70 à 80% des articles Vuitton ou Hermès vendus au Japon le sont à des femmes.

Traditionnellement, la propension des Japonaises à consommer concernait essentiellement la clientèle des okusans, ces épouses qui tiennent les cordons de la bourse familiale. Privées de carrière professionnelle et confinées au logis, nombreuses femmes mariées de l'archipel « *se vengeraient avec leur porte-monnaie* »[27].

Aujourd'hui, les femmes au foyer sont rejointes par une myriade de jeunes femmes célibataires ou divorcées, entrant à peine dans la vie active. Les marques de luxe et leurs publicitaires savent user de cet appétit intarissable et font aujourd'hui l'éloge d'une nouvelle indolence au féminin, valorisant plaisir et temps libre jusqu'alors tabous dans la société. Par conséquent, alors que la demande intérieure du pays stagne depuis des années, les intentions d'achat des Japonaises croissent inlassablement. Selon l'étude

---

[27] Richard WERLY, « Le Japon courtise ses filles prodigues », *Libération*, 13 novembre 2002.

précédemment citée, 56,9% des femmes interrogées contre 30% des hommes déclaraient en octobre 2002 avoir de l'argent à dépenser.

2. Le visage rajeuni de la consommation japonaise

La crise économique du pays a donné naissance au phénomène des « *parasites singles* ». Il s'agit pour la plupart de jeunes professionnels japonais ne se mariant pas et préférant rester chez leurs parents. Agés de vingt à trente ans, ils n'ont ni à payer de loyer, ni à s'occuper de tâches ménagères, ni à prendre de responsabilités sociales. Déchargés de tout souci matériel, l'argent gagné leur sert ainsi d'argent de poche et leur confère en moyenne un pouvoir d'achat de 800 euros par mois[28]. Selon le Nikkei, le shopping est d'ailleurs cité comme leur première occupation par 30% des Japonaises de cette tranche d'âge[29]. La marque Alfred Dunhill a parfaitement saisi l'enjeu de ce rajeunissement des consommateurs. S'adressant traditionnellement à une clientèle relativement âgée, elle opère à travers une campagne publicitaire destinée aux hommes de trente à quarante ans un changement de cap important dans sa stratégie de communication.

Si le marché du luxe japonais se distingue par le nouveau profil de ses consommateurs, leur comportement d'achat a lui aussi évolué au cours des dernières années.

---

[28] B. B., « Les nouveaux Tanguy », *Le Nouvel Observateur*, 30 mai au 5 juin 2002.

[29] Richard WERLY, « Le Japon courtise ses filles prodigues », *Libération*, 13 novembre 2002.

§ 2 Le comportement d'achat du consommateur japonais

Lorsque la clientèle japonaise fait le choix d'un produit de luxe son comportement est dicté par diverses considérations, notamment son attachement à la qualité et le prix payé. Toutefois, alors que la première est associée depuis longue date à l'univers du luxe, la seconde est d'apparition beaucoup plus récente.

1. La traditionnelle recherche de qualité

Si le client japonais est friand de nouveautés et volontiers présenté comme à l'affût des dernières tendances, il reste néanmoins très attaché à la qualité du produit acheté. Si l'on définit à la manière de Jean-Claude Vrinat pour Taillevent, le luxe comme « *la qualité, le raffinement, le savoir-faire et la tradition* »[30], l'on comprend le succès qu'il remporte sur l'archipel nippon. Ce critère tend d'ailleurs à primer celui de la notoriété de la marque, dans un pays où pourtant le phénomène d'assimilation et d'appartenance à un groupe reste malgré tout très fort. Cette recherche dans l'esprit du consommateur va de pair avec celle de produits originaux, voire même personnalisés, témoignages de l'exclusivité et du prestige social de son propriétaire. Ainsi, pour satisfaire à cette demande, certains produits importés sont parfois réservés à un nombre limité de magasins sur le territoire. Des économistes analysent ce phénomène comme une sorte

[30] Henri MARQUE, « Le luxe, Le triomphe du label France », *Valeurs Actuelles*, 24 novembre 2000.

d'auto transformation pour des personnes insatisfaites de leur quotidien[31], alors que d'autres préfèrent y voir une tentative des Japonais de retrouver confiance en l'avenir en se raccrochant à des biens connus pour leur pérennité[32]. Avec la crise asiatique et l'insécurité qui l'accompagne, le consommateur japonais semble avoir mûri. Comme le souligne Yves Carcelle, Président de LVMH Fashion Group, « *en période de crise (...) les consommateurs ont tendance à se tourner vers des valeurs refuges, des objets qui durent, qui ont une valeur et une image* »[33].

2. Une sensibilité aux prix aujourd'hui accrue

Depuis les événements du 11 septembre 2001, les Japonais voyagent moins. Une partie de leurs voyages est ainsi reportée sur des achats luxueux à l'intérieur du territoire ou du continent asiatique[34]. Toutefois, un profond changement s'opère dans le comportement des consommateurs japonais. Ils ne dépensent plus leur argent de manière inconsidérée, uniquement parce que l'objet voulu est à la mode. « *Avant, on achetait avant tout parce que c'était cher ; aujourd'hui, on achète vraiment ce qu'on aime* », commente M. Sekizawa, directeur de la deuxième agence de publicité du pays, l'institut de recherche de Hakuhodo HILL. Cette consommation individuelle et de plaisir a pour corollaire une

---

[31] Usagi NAKAMURA, *Nikkei Sangyo Shimbun*, 25 janvier 2001.
[32] Anonyme, *Asahi Shimbun*, 20 octobre 2000.
[33] Propos recueillis par Arnaud RODIER, Yves CARCELLE : « Les habitudes des consommateurs japonais ont changé », *Le Figaro Economie*, 8 et 9 décembre 2001.
[34] Dominique HOELTGEN, « L'argent des voyages reconverti en achats », *CB News Spécial Luxe*, n° 684, 17 au 23 décembre 2001.

sensibilité accrue aux prix. La clientèle nipponne veille de plus en plus à ce que le prix demandé pour les objets de luxe soit raisonnable et est aujourd'hui prête à attendre les soldes pour effectuer ses achats.

CHAPITRE 2 : LA CARTE DE LA CONTREFAÇON DES PRODUITS DE LUXE SUR LE MARCHE JAPONAIS

Alors que les grandes marques de luxe réalisent 30 voire 50% de leur chiffre d'affaires mondial grâce à la clientèle nipponne, que les ventes sur le territoire japonais représentent près de 17% de l'ensemble de leur activité et que ces chiffres promettent de s'accroître dans les années à venir[35], depuis peu, le fléau de la contrefaçon inquiète de nouveau les entreprises étrangères actives sur l'archipel (Section A). Plus agressive que par le passé, les dommages aussi bien directs qu'indirects causés par la contrefaçon s'avèrent parfois irrémédiables pour l'entreprise victime, pour le consommateur et à terme pour l'économie mondiale (Section B).

SECTION A : LES MANIFESTATIONS DE LA CONTREFAÇON DES PRODUITS DE LUXE AU JAPON

Longtemps mis à l'index comme l'un des principaux producteurs de contrefaçons, le Japon a entrepris un assainissement progressif de son économie, notamment en se dotant d'un dispositif de lutte extrêmement sévère. Conscient des dangers de la contrefaçon et du handicap qu'elle représentait pour son ouverture économique à l'international, l'ancien copieur a rapidement développé des droits de la propriété intellectuelle et les utilise dorénavant largement, les

[35] Annexe 7.

intégrant comme valeur ajoutée à la production de son industrie[36].

Aujourd'hui toutefois, le pays est passé du statut de contrefacteur à celui de victime de la contrefaçon, au même titre que la France, l'Allemagne et les Etats-Unis. L'inquiétante pénétration de son marché (§ 1) est essentiellement facilitée par les visages variés que peut prendre la contrefaçon actuellement (§ 2).

§ 1 L'emprise tentaculaire de la contrefaçon sur le marché japonais du luxe

Deuxième économie mondiale avec un PIB par habitant de 27 303 dollars en 2001[37], le Japon est encerclé de pays nettement plus pauvres, au PIB par habitant parfois inférieur à 300 dollars. La Chine, la Corée du Sud, les Philippines, la Thaïlande ou la Malaisie sont aujourd'hui réputées pour contribuer activement à l'économie de la contrefaçon, notamment des vêtements, bijoux, parfums et cosmétiques. Toutes ont trouvé en la clientèle japonaise, grande consommatrice de luxe, un débouché idéal à leurs productions[38]. Tant par les volumes d'objets contrefaits écoulés, que par les réseaux de distribution qui s'y

---

[36] DELORME Jacques, PASSERI Stéphane, « Bilan des mesures mises en œuvre en Asie en matière de protection des droits de la propriété intellectuelle », *Revue Asie Stratégie DREE*, n° 95, 15 novembre 2001, MINEFI-DREE, ME Singapour, http://www.dree.org/asie/_private/abstract_ged.cfm?IDDocument=23836 ; voir aussi Aurélie TASSONNEAU, La contrefaçon : un fléau pour l'industrie du luxe, Sup de Co Rennes, juillet 2001.

[37] Collectif, L'état du monde 2003, *Editions La Découverte*, Paris.

[38] Annexe 12.

développent, le marché japonais du luxe menace aujourd'hui d'être durablement gangrené par ce phénomène.

1. La contrefaçon du luxe, une menace de taille pour le Japon

Le risque de contrefaçon auquel s'exposent les grandes maisons françaises du luxe, connaît depuis à peine trois ans un nouvel essor au Japon. Cette menace puise, en partie, sa force dans les considérables volumes de produits contrefaits qui pénètrent jour après jour le marché japonais. Bien que le réel poids économique de la contrefaçon, activité souterraine par nature, reste difficilement mesurable, on l'estime aujourd'hui entre 5 et 7% du commerce mondial, soit environ à 300 milliards d'euros ou encore à 0,8% du PIB mondial. Pour le seul continent asiatique (à l'exclusion du Japon qui, comme vu précédemment, ne produit presque plus de biens contrefaits), ces flux pèseraient aux alentours de 55 milliards d'euros[39].

Si la contrefaçon s'est aujourd'hui diversifiée et frappe finalement toutes les industries (ex : industrie du divertissement, électronique, automobile, textile, agroalimentaire, pharmaceutique), celle des produits de luxe, tout en ne représentant plus que 2 à 3% des saisies douanières, suscite néanmoins des inquiétudes chez les entreprises françaises. En effet, la France, en tant que « *grand producteur de luxe* », est la première victime et il semblerait

---

[39] DELORME Jacques, PASSERI Stéphane, « Bilan des mesures mises en œuvre en Asie en matière de protection des droits de la propriété intellectuelle », *Revue Asie Stratégie DREE*, n° 95, 15 novembre 2001, MINEFI-DREE, ME Singapour, http://www.dree.org/asie/_private/abstract_ged.cfm?IDDocument=23836.

que 70% des marques contrefaites dans le monde soient françaises[40]. Rançon du succès pour un pays détenant à lui seul 47% du marché mondial des produits de luxe…

Au Japon, la contrefaçon et les ventes parallèles sont estimées selon certaines sources[41] représenter jusqu'à 20% des ventes dans le luxe. Ce chiffre n'est d'ailleurs pas prêt de diminuer si l'on en croit les derniers communiqués diffusés dans la presse.

Ainsi, selon les autorités japonaises, et notamment « *the National Police Agency* », au premier semestre 2002, les cas de contrefaçon recensés ont littéralement explosé pour atteindre le nombre de 2 118, ce qui représente une augmentation de 208,7% par rapport à la même période l'année précédente[42]. C'est donc au quotidien que les journaux relatent dans leurs colonnes de faits divers les multiples perquisitions, arrestations et saisies qui sont effectuées dans la capitale et ses alentours[43].

---

[40] Delphine BAIZE, « De la contrefaçon à l'imitation », *Revue française de gestion*, juin juillet août 1999.

[41] Philippe PONS, « La contrefaçon prospère sur le marché du luxe au Japon », *Le Monde*, 9 octobre 2002.

[42] "Crime hits record high on Japan's mean street", *The Japan Times Online*, 10 août 2002, http://www.japantimes.co.jp/cgibin/getarticle.pl5?nn20020810b9.htm.

[43] Pour exemples : « Arrests of fake-goods vendors prompt smuggling probe », *The Japan Times Online*, 27 novembre 2000, http://www.japantimes.co.jp/cgi-bin/getarticle.pl5?nn20001127a7.htm ; « Mom, son held for designer fakes », *The Japan Times Online*, 26 juin 2001, http://www.japantimes.co.jp/cgi-bin/getarticle.pl5?nn20010626b1.htm ; « Cosmetics dealer held over unlawful imports », *The Japan Times Online*, 13 juillet 2001, http://www.japantimes.co.jp/cgi--bin/getarticle.pl5?nn20010713a9.htm ; « Did TV shows sell fake brand goods ? », *The Japan Times Online*, 7 avril 2002, http://www.japantimes.co.jp/cgi-bin/getarticle.pl5?nn20020407q5.htm ; « That scarf might not be a Burburry », *The Japan Times Online*, 8 septembre 2002, http://www.japantimes.co.jp/cgi-bin/getarticle.pl5?nn20020908b5.htm.

Le poids de la contrefaçon des objets de luxe dans l'économie japonaise doit à juste titre inquiéter les entreprises étrangères présentes sur son territoire, cela d'autant plus que son emprise tend constamment à s'accroître.

2. La contrefaçon du luxe, une menace omniprésente au Japon

L'observation des circuits de la contrefaçon révèle l'incroyable imagination dont font preuve les contrefacteurs pour écouler leurs produits sur le marché japonais. La diversité des stratégies mises en œuvre et l'organisation exceptionnelle de leur activité leur assurent une emprise tentaculaire sur l'archipel nippon.

Tous les moyens sont bons pour écouler des produits contrefaits et l'on peut remarquer que les modes de distribution ont évolué avec l'internationalisation des échanges et le développement des nouvelles technologies d'information et de communication.

Le plus commun d'entre eux reste la vente à la sauvette par des marchands ambulants dans les mégapoles nipponnes. Selon certaines sources, ce marché aurait longtemps été tenu par des réseaux de jeunes Israéliens de mèche avec la pègre, régnant sur les différents quartiers et exigeant une redevance de celui qui voudrait y installer son étal[44].

Fréquemment la marchandise est aussi écoulée par des réseaux de femmes, en particulier des groupes de ménagères, lycéennes ou étudiantes organisant chez elles des sortes de

[44] Philippe PONS, « La contrefaçon prospère sur le marché du luxe au Japon », *Le Monde*, 9 octobre 2002.

« *Tupperware partys* » du faux luxe. Un tel procédé rend le trafic fort difficile à déceler.

Au simple revendeur de rue et aux groupes d'amies s'ajoutent aujourd'hui le démarchage à domicile et la vente par correspondance. Ainsi, afin de ne pas attirer l'attention des forces de police, les contrefacteurs les plus habiles font d'abord choisir leurs clients dans d'épais catalogues, avant de leur délivrer l'objet désiré. Dépassant aisément les cinq cent pages, ces répertoires regroupent tout ce qui se fait actuellement en contrefaçon de maroquinerie, parfumerie ou bijouterie de marque.

D'autres préfèrent commercer grâce à l'Internet ou en insérant des annonces discrètes dans les pages de petits journaux locaux. Des sites de ventes aux enchères, voire même de commerce électronique, clairement dédiés à la vente de faux tels que par exemple *fakegift.com* (aujourd'hui racheté), *houseoflv.com* ou *swiss-replica.com*[45], permettent d'écouler un volume important de contrefaçons.

Récemment, ce sont des émissions de téléachats qui ont été suspectées de participer à ce commerce. Ainsi, Tokai Television Broadcasting Co et Nippon Network Corp ont décidé de suspendre leurs émissions d'achat suite aux doutes émis sur l'origine des produits de marque qui y étaient présentés. Les sociétés italiennes Gucci et Prada ont en effet accusé en mars 2002 les chaînes d'avoir facilité la vente de faux sacs de leurs marques[46].

---

[45] Le site http://www.loui.com est encore offert à la vente à « ceux qui seraient intéressés par un lien avec la marque Louis Vuitton ».

[46] « Did TV shows sell fake brand goods », *The Japan Times Online*, 7 avril 2002, http://www.japantimes.co.jp/cgibin/getarticle.pl5?nn20020407q5.htm.

Plus inquiétant encore, dans les rayons de boutiques et autres magasins revendeurs, agréés ou non, les produits contrefaits sont désormais mêlés aux articles authentiques. Avec cette infiltration des réseaux de distribution licites, les contrefacteurs franchissent une nouvelle étape dans l'escalade de la contrefaçon puisque, jusqu'à présent, les faux étaient généralement affichés comme tels ou du moins le client les reconnaissait dans la mesure où leur prix de vente était nettement inférieur à celui des originaux. Aujourd'hui, les contrefacteurs affichent des prix légèrement en deçà de ceux des articles de marque. Un contrefacteur, contrôlant sept usines en Corée du Sud a déclaré ainsi à un journaliste[47] avoir pour la première fois fait l'essai en 2001 dans un discounter japonais avec un faux sac Hermès de la ligne Kelly vendus pour 500 000 yens (environ 3 900 euros). Il n'a fallu qu'une journée pour écouler l'ensemble de la marchandise. Depuis, il ne procède plus que de cette manière... Mêler le vrai au faux est une pratique largement répandue, en particulier dans les pays voisins du Japon. Les touristes japonais voyageant par exemple en Corée du Sud pensent alors réaliser un gain de change en payant une somme inférieure à celle qu'ils auraient dû débourser chez eux.

Sur l'archipel, cette nouvelle forme d'écoulement bénéficie en particulier de la déréglementation de la distribution qui y a cours. Depuis une quinzaine d'années, des boutiques qui, sans être dépositaires officiels, vendent des produits de luxe, se sont développées pour répondre à la demande exponentielle des consommateurs nippons. Contournant les circuits de distribution officiels, elles peuvent se permettre de pratiquer des prix 5 à 10% en dessous de ceux des revendeurs agréés. Généralement, ces discounters s'approvisionnent soit

---

[47] Velisarios KATTOULAS, « Bags of Trouble », 21 mars 2002, http://feer.com.

à l'étranger chez un détaillant officiel complice en le déchargeant de ses stocks excédentaires en contrepartie d'une importante remise sur les articles à la mode, soit par leurs « *fourmis* », des milliers d'acheteurs individuels, chacun chargé de rapporter d'un voyage à l'étranger (ex : des touristes et guides de tours-opérateurs de passage à Paris[48]) comme de simples cadeaux de petites quantités de marchandises[49]. Or, certains magasins de ventes parallèles, face auxquels les grandes marques étrangères restent bien souvent impuissantes, n'hésitent plus aujourd'hui à s'alimenter sur le marché de la contrefaçon pour répondre à la forte demande de leur clientèle[50].

Par le biais de vendeurs ambulants ou de discounters, du bouche-à-oreille ou du commerce en ligne, les produits de luxe contrefaits ont réussi à infiltrer le marché japonais, en utilisant tous les canaux imaginables de distribution. Cette impressionnante diversité se retrouve dans les méthodes de production des faux.

§ 2 L'extrême variété des situations rencontrées dans la production de faux

En moins de dix ans la contrefaçon des produits de luxe a complètement changé de nature et regroupe une extrême

---

[48] Palmyre BADINIER, « La folie « Vuitton » et ses faux clients », *Le Monde.fr* 2 décembre 2002, http://www.lemonde.fr/imprimer_article_ref/0,5087,3209300425,00.html.
[49] Edmond BOUSSEMART, Le secteur du luxe au Japon, Mastère HEC décembre 2000 ; Philippe PONS, « La contrefaçon prospère sur le marché du luxe au Japon », *Le Monde*, 9 octobre 2002.
[50] Annexe 8.

diversité de situations, tant en ce qui concerne la qualité des articles fabriqués, que les conditions de leur production.

Selon Alain Teitelbaum, ancien Président du Comité Colbert, « *la contrefaçon elle-même évolue* »[51] et a su, tout comme la filière légale, s'adapter aux besoins des consommateurs. Ainsi, comme pour combler une offre de produits de marque insuffisante face à l'essor de la demande japonaise, l'on trouve pêle-mêle sur le marché des copies serviles de toutes qualités.

Apparaît aussi une nouvelle forme de contrefaçon qu'est l'imitation de gammes entières de produits et l'on peut, par exemple, imaginer que les contrefacteurs s'emploient déjà à imiter l'ensemble des modèles de la dernière collection bagagerie de Louis Vuitton.

Enfin, certainement en raison de l'attrait des Japonais pour la nouveauté, on recense un nombre croissant d'appositions de la marque sur des produits qui n'ont rien à voir avec la gamme développée par la société. Les contrefacteurs les plus agressifs n'hésitent d'ailleurs pas à mettre sur le marché les copies bien avant que les originaux n'aient eu le temps de quitter l'atelier de fabrication (ex : le trafic de fausses montres Cartier au début des années 1990[52]).

A l'instar du marché légal, sur celui de la contrefaçon il existe des faux pour toutes les tailles de bourse. Si l'on rencontre, certes, encore beaucoup de contrefaçons grossières, se laissant démasquer comme telles à l'œil nu (ex : marques mal épelées comme « *Channel* », logo troqué

---

[51] Propos recueillis par Marie LEJEUNE-PIAT, « La contrefaçon se développe depuis l'Asie dans le monde entier », *CB News Communication*, 20 décembre 1999.

[52] Fabrizio CALVI, « Le crime est plus que parfait », *Challenges Hors Série*, décembre 1991.

comme « *LL* » ou « *LX* » pour le LV de Louis Vuitton), l'on note aussi un fort développement des « *super-copies* ». Arrivant pour la plupart de Corée du Sud, ces contrefaçons, notées *triple A* par les connaisseurs, sont quasiment impossibles à distinguer des articles authentiques.

La ressemblance est d'ailleurs telle que, bien souvent, les employés des grandes marques de luxe ont du mal à faire la part du vrai et du faux. L'on peut ainsi citer le cas d'une jeune Coréenne qui, de passage à Paris, a pu sans problème donner son faux sac Chanel en réparation à la prestigieuse maison de l'avenue Montaigne[53]. Bien souvent, seul un expert muni d'un microscope sera à même de faire la différence entre le nouveau sac Alma de Louis Vuitton valant 700 euros et sa copie vendue 36 euros sur le marché noir. L'une des rares dissemblances entre un vrai et un faux article de maroquinerie Louis Vuitton serait, au dire des services de douanes coréens[54], la bandelette imprégnée de cire qui joint les pièces de cuir et ferait défaut sur les copies.

L'habileté et la précision du travail des contrefacteurs feront même dire à David Campbell, chargé de la question au bureau de Séoul de l'agence Pinkerton, que la seule véritable différence entre les vrais et les faux est que les contrefaçons sont parfois de meilleure qualité que les originaux. Or, c'est justement ce critère de la qualité qui détermine l'achat de produits de luxe chez les Japonais. Les super-copies répondent donc, elles aussi, à cette exigence et l'on peut comprendre, de ce fait, le succès qu'elles rencontrent auprès

---

[53] Eric PRIDEAUX, « Designed to deceive », *The Japan Times Online*, 24 novembre 2002, http://www.japantimes.co.jp/cgibin/getarticle.pl5?fl20021124a2.htm.

[54] Cheong CHUL-GUN, « Customs warns on counterfeit goods », 5 décembre 2002, http://english.joins.com/article.asp?aid=20021205022626&sid=400.

des consommateurs nippons. Nombreux n'hésitent alors plus à porter des copies au quotidien, réservant l'original pour les grandes occasions. Une véritable politique marketing a été développée par les trafiquants autour de cet argumentaire de vente. De nouveau, l'offre correspond à la demande…

Une si large gamme de contrefaçons est aussi le corollaire d'une mutation des modes de production employés par les contrefacteurs. Petites unités artisanales il y a encore peu de temps, les ateliers de faux sont aujourd'hui d'importantes usines employant parfois plus de deux cent travailleurs, généralement localisées dans les campagnes chinoises, sud-coréennes, malaisiennes ou taiwanaises, mais reliées par de bonnes infrastructures aux principaux pôles de commerce et d'exportation du pays.

Cette industrie de masse a nécessité une organisation à l'échelle mondiale des réseaux de fabrication et de distribution, conduisant à la spécialisation des marchés de la contrefaçon. Ainsi, l'on peut distinguer selon l'Union des Fabricants[55], quatre types de marchés :

- Marché local : produits fabriqués et vendus sur place (ex : faux fabriqués en Malaisie et vendus dans une échoppe de Kuala Lumpur) ;
- Marché d'exportation : produits fabriqués dans un pays et commercialisés dans un autre (ex : fausses montres Tankers fabriquées en Chine, exportées au Japon) ;

---

[55] Union des Fabricants, Les nouvelles tendances de la contrefaçon et de la piraterie, juin 2001, http://www.unifab.com.

- Marché d'exportation spécifique : produits fabriqués dans un pays spécialement pour un autre (ex : super-copies coréennes pour le marché japonais) ;
- Marchés en réseaux : produits partiellement fabriqués dans un pays, assemblés dans un second, transitant par un troisième à destination d'un quatrième.

Dans ce dernier cas la division internationale entre plusieurs pays et continents a pour finalité de brouiller les pistes, empêchant les agents de lutte anti-contrefaçon de remonter trop rapidement les filières. Ainsi, ce n'est qu'au bout de dix-huit mois d'enquête qu'a pu être démantelé un trafic de fausses bagues Trinity de Cartier découvert en 1997 à Tokyo[56].

La complexité des circuits, intercalant plusieurs étapes entre la production et la consommation finale permet de détourner les soupçons des douanes et autres services chargés de la lutte anti-contrefaçon et de focaliser leur attention plutôt sur la provenance que sur l'origine du produit. A cette technique dite de « *rupture de charge* »[57] s'ajoutent des pratiques telles que celle de « *l'homme de paille* » chargé de réceptionner la marchandise à ses risques et périls (étant conclu qu'une indemnité sera versée à lui et à sa famille s'il venait à être pris par les services de lutte contre la fraude) pour couvrir l'identité des véritables opérateurs, celle consistant à

---

[56] Annexe 9.

[57] Missions Economiques, DREE, « Lutte anti-contrefaçon et anti-piraterie, l'Asie à la croisée des chemins », *Revue Asie Stratégies*, n° 107, 21 juin 2002, http://www.dree.org/asie/_private/abstractged.cfm?IDDocument=35144.

acheminer de manière indépendante les éléments des produits sur lesquels sera apposée la marque (ex : étiquette de vêtement, bouchon d'un flacon de parfum, boucle de ceinture)[58].

Au-delà d'une organisation aux ramifications transnationales, les contrefacteurs ont développé des techniques leur assurant une réactivité optimale à la demande. Non seulement les produits contrefaits sont lancés sur le marché quasi simultanément, voire même avant les articles authentiques, mais beaucoup de fabricants (ex : anciens ou encore licenciés de marque) aujourd'hui contrefacteurs ont su, au fil du temps et parfois des accords de coopération passés avec des industriels européens, s'approprier leur savoir-faire et leurs techniques de production des articles de luxe. Certaines sources évoquent même des séminaires de formation en France dispensés aux contrefacteurs par des complices infiltrés dans les ateliers parisiens des prestigieuses maisons[59].

Si cette logique industrielle permet aux contrefacteurs de sortir de grosses quantités de produits et expliquent l'arrivée en masse d'objets de luxe contrefaits sur le marché japonais, elle ne peut en revanche être intégrée pleinement sans les moyens financiers nécessaires. Or, il n'est un secret pour personne qu'une telle industrie de masse suppose une capacité de financement énorme, que seuls les réseaux mafieux sont aujourd'hui à même de mobiliser. On observe,

---

[58] ICC Commercial Crime Service, « A brief Overview of Counterfeiting », 2001, http://www.iccwbo.org/ccs/cib_bureau/overview.asp.

[59] Velisarios KATTOOLAS, « Counterfeiting : Bags of Trouble », 21 mars 2002, http://www.feer.com.

d'ailleurs, une inquiétante similitude entre les chemins de la contrefaçon et ceux des stupéfiants[60].

Cependant, blanchiment d'argent sale et emprise de la mafia sur l'économie asiatique ne sont que deux des préjudices induits par la contrefaçon.

SECTION B : L'EVALUATION DU PREJUDICE DE LA CONTREFAÇON DES OBJETS DE LUXE

Parallèlement à l'industrialisation de la contrefaçon sur le marché asiatique, les torts causés aux grandes marques actives sur celui-ci ont pris une ampleur inquiétante. Toutefois, les maisons de luxe ne sont pas les seules victimes de ce fléau (§ 1), les consommateurs, le pays destinataire des produits contrefaits, mais aussi les pays réputés contrefacteurs en supportent les conséquences néfastes. La contrefaçon du luxe est aujourd'hui un phénomène mondial, rongeant l'économie de la planète par l'intérieur et menaçant de la pourrir durablement (§ 2).

§ 1 Des conséquences microéconomiques difficilement mesurables

La mesure de l'impact de la contrefaçon sur les marques victimes est plus qu'ardue. En effet, généralement les prestigieuses maisons n'aiment guère communiquer sur ce

[60] Annexe 11.

sujet, hautement sensible puisque touchant à leur chiffre d'affaires et surtout à leur image.

1. Les dommages matériels, manifestes mais difficilement quantifiables

Peu de données officielles permettent une évaluation précise des dommages matériels subis par les groupes de luxe dont les produits sont contrefaits. Economie souterraine, la contrefaçon rend le manque à gagner connu par les entreprises sur le marché japonais difficile à chiffrer.

Actuellement, le trafic mondial de la contrefaçon, tous produits confondus, est estimé générer un manque à gagner pour les entreprises de 200 à 300 milliards d'euros par an[61]. Pour les maisons de luxe françaises, victimes à 70% des contrefacteurs, la perte annuelle au niveau des ventes se monte à au moins 6 milliards d'euros[62].

Souvent le nombre d'imitations en circulation sur le marché est supérieur à celui des articles authentiques et dans certains pays le chiffre d'affaires du faux devient supérieur à celui du vrai (ex : environ 2 milliards de fausses montres Cartier sont vendues annuellement dans le monde, soit huit fois plus que d'originaux[63]). Pire encore, certains marchés asiatiques

---

[61] Annexe 10.

[62] Table ronde sur la contrefaçon du 17 janvier 2002 à l'Hôtel Westminster de Paris, Propos recueillis par Yves MORITZ et Florence GREMAUD, « La Contrefaçon, Un fléau en expansion », *LE BIJOUTIER*, n° 699, mars 2002 ; voir aussi Humbert RAMBAUD, « Contrefaçon Pillage industriel », *Valeurs actuelles*, 24 novembre 2000.

[63] Bénédicte BRAUD, La contrefaçon et les produits de luxe, Université Pierre Mendès France Grenoble, 1999-2000.

seraient complètement contrôlés par les contrefacteurs et, de ce fait, fermés à l'importation des produits authentiques. Le risque est alors grand pour certaines marques de littéralement disparaître à terme des marchés asiatiques tel que l'a constaté en Thaïlande pour les marques Chanel et Cartier Catherine O'Meny, rédactrice en chez du magazine français en ligne Abc-luxe.com[64].

Au-delà de ces chiffres, les budgets engagés par les groupes du secteur luxe donnent une idée de l'ampleur du phénomène et de ses conséquences préjudiciables. Ces sommes recouvrent notamment les frais de justice, de gestion d'une cellule interne anti-contrefaçon, les honoraires d'experts, d'avocats et d'enquêteurs, les droits d'enregistrement. Les membres du Comité Colbert dépensent aujourd'hui entre 3 et 5% de leur chiffre d'affaires dans la lutte contre la contrefaçon, alors que la moyenne pour l'ensemble des entreprises contrefaites tourne autour de 0,8 voire 1%. LVMH consacre ainsi 0,5% de son chiffre d'affaires au seul dépôt des marques, noms et modèles. Constituant une charge supplémentaire devant être pris en compte d'année en année dans les budgets, l'exposition de ces frais agit finalement comme une taxe sur le chiffre d'affaires réalisé.

Outre le simple préjudice commercial qui tend à prendre des proportions colossales, les dommages en terme de perte d'image pour l'entreprise de luxe victime de contrefaçons sont au moins tout aussi préoccupants.

---

[64] Marie-Julie GAGNON, « Au pays du faux », *La Presse,* 6 septembre 2002, http://cyberpresse.ca.

2. Des dommages immatériels, sous-jacents mais durables

Encore plus difficiles à quantifier, les dommages immatériels soufferts par l'entreprise contrefaite se manifestent essentiellement par une perte de notoriété. Or, l'atteinte portée à leur image de marque peut se révéler fatale pour les maisons de luxe, dans la mesure où celle-ci fait office de réel levier pour leurs performances.

L'objet de luxe attire le consommateur en particulier par sa qualité, son prestige et son authenticité. Le faux met à mal ces attributs. De qualité médiocre, il décevra naturellement celui qui, sans le reconnaître comme tel, l'a acheté et adressera alors ses réclamations au fabricant des originaux. Dans certains cas, en plus d'être trompé, le client peut s'exposer à un danger en l'utilisant ou le consommant, comme cela a, par exemple, été le cas pour des contrefaçons de vodka contenant de l'alcool de méthylène ou des faux parfums provoquant des allergies.

Par ailleurs, la prolifération des faux de certaines marques peut finalement décourager sa potentielle clientèle d'acheter ses produits. Nombre de clientes de Louis Vuitton hésiteraient devant l'achat d'un article de maroquinerie en voyant la copie de celui-ci au bras de toute passante. Au Japon, les marques de luxe trop massivement contrefaites risquent de rencontrer à l'avenir une telle impopularité. Comme analysé précédemment, la population nipponne est friande de nouveauté et d'exclusivité et pourrait donc, rapidement, se détourner des maisons dont l'image ne serait plus aussi parfaite et la distribution par la force des choses aussi sélective que par le passé.

Il serait, par conséquent, tout à fait spécieux d'affirmer que la contrefaçon pourrait indirectement contribuer à l'augmentation de la popularité d'une marque, en la faisant bénéficier d'une publicité cachée. Si cette dernière est, certes, fortement (sur)représentée et signalée comme un objet à la mode, un « *must have* » de la saison, c'est toujours sous son pire jour. « *Comment peut-on imaginer un seul instant qu'un faux produit, utilisant des matériaux de mauvaise qualité, fabriqué sans aucun savoir-faire et à la va-vite, distribué dans la rue, puisse développer l'image d'une marque ? C'est de l'anti-communication par excellence !* », commente Alain Teitelbaum[65].

Au final, ces atteintes portées à l'image de marque et la dépréciation consécutive de cette dernière débouchent sur une dégradation du « *goodwill* » du groupe de luxe (ex : des clients ayant acheté un faux se plaignent de ses disfonctionnements auprès de l'entreprise).

Toutefois, évaluer la valeur des marques détenues par les sociétés et, par conséquent, le préjudice de notoriété généré par les contrefacteurs s'avère tout aussi impossible que mesurer exactement les pertes d'argent subies. Il ne peut, bien souvent, n'être donné d'autre valeur au vaste portefeuille de marques détenu par les groupes de luxe hors celle correspondant aux investissements de protection, même si son immobilisation en comptabilité est une première reconnaissance de leur patrimonialité.

---

[65] Entretien avec Alain TEITELBAUM, « L'industrie du luxe face à la contrefaçon », *ENA Mensuel*, n° 288, 1999.

§ 2 Des conséquences macroéconomiques, à terme considérables

Louis Vuitton, Chanel et Prada ainsi que leurs clients ne sont nullement les seules victimes des contrefacteurs. Industrialisé, l'empire du faux est aujourd'hui une menace palpable pour l'économie mondiale qu'il parvient de plus en plus souvent à doubler.

1. La mise en place d'une économie parallèle

Brassant d'énormes capitaux, le trafic de la contrefaçon a permis la mise en place dans de nombreux pays asiatiques d'une économie parallèle, concurrençant le circuit légal.

Selon un rapport de l'OIT[66] en date de juin 2001[67], un travailleur sur deux serait dans l'économie parallèle. La majorité des emplois nouveaux, essentiellement dans les pays en développement serait d'ailleurs créée par cette dernière, alors que la communauté internationale avait tablé, il y a encore dix ans, sur une diminution progressive, voire même une disparition de ce phénomène, dont la contrefaçon est partie intégrante. Or, l'emploi massif de main d'œuvre, tout comme la gestion de canaux de distribution mondiaux (infiltration des marchés de distribution licites) et la sophistication de la production (diversification, spécialisation et volumes colossaux) observés supposent une importante capacité financière. Ceci conduit à penser que la contrefaçon

[66] Organisation Internationale du Travail.

[67] Laurent MOSSU, « Un travailleur sur deux dans l'économie parallèle », *Le Monde*, 5 juin 2001.

est étroitement mêlée aux réseaux criminels divers. En particulier, elle attire les mafias[68] car elle représente un excellent moyen de blanchir de l'argent sale et la comparaison des différents trafics fait apparaître de troublantes similitudes[69]. Comme la contrefaçon, les circuits de ventes parallèles permettent de blanchir des volumes considérables de capitaux illégaux et l'on peut, à juste titre, suspecter ces activités illégales d'être contrôlées par les mêmes réseaux mafieux.

Beaucoup moins risqué que le trafic de stupéfiants, d'armes, de fausses monnaies ou le racket, yakusa japonaises[70], triades chinoises, mafias russes ou italiennes se partagent aujourd'hui ce nouveau marché qui, peu à peu, vampirise le marché légal.

2. Un circuit parallèle destiné à ruiner l'économie licite

Zone de production, de consommation de contrefaçons du luxe, mais aussi source de flux vers d'autres marchés que le sien, l'Asie mérite d'être l'objet de toutes les attentions. Le fléau de la contrefaçon menace, en effet, de ruiner durablement les pays de la région, à peine sortis, voire même

---

[68] Nadège FORESTIER, « La contrefaçon attire les mafias », *Le Figaro Economie*, 2 juillet 1998 ; voir aussi Christian de BRIE, « Etats, mafias et transnationales comme larrons en foire », *Le Monde diplomatique*, avril 2000, http://www.monde-diplomatique.fr/2000/04/DE_BRIE/13634 ; Fabrizio CALVI, « Le crime est plus que parfait », *Challenges Hors Série*, décembre 1991.

[69] Annexe 11.

[70] Rapport d'une partie d'un dossier « Interpol » de 1986 par David BRODBECK et Jean-François MONGIBEAUX, Chic et toc, le vrai livre des contrefaçons, *Editions Balland*, Paris, 1990.

encore embourbés, dans la crise asiatique. Le risque encouru est alors tant économique que social.

Pour les pays producteurs tels que la Corée du Sud, la Chine ou la Malaisie, comme pour les pays consommateurs, notamment le Japon, le trafic de contrefaçons se chiffre, tout d'abord, en une perte directe de recettes fiscales puisque aucune taxe sur le chiffre d'affaires, aucune taxe professionnelle, aucun impôt sur les bénéfices réalisés ne peuvent être prélevés pour cette activité par nature occulte et donc non déclarée à l'administration, alors qu'il est en même temps demandé à ces pays de mobiliser des moyens financiers et humains pour faire appliquer la législation relative aux droits de la propriété intellectuelle (ex : autorité judiciaire renforcée, administration carcérale développée, services de douanes et de police spécialisés).

A long terme, le noircissement des circuits économiques et la protection insuffisante accordée aux droits de la propriété suscitent la méfiance des investisseurs étrangers et des fabricants de produits de renom. Si aucune mesure efficace n'est engagée, ces derniers auront tendance à se retirer de ces marchés, ce qui constituerait un frein et, pire encore, un pas en arrière dans le développement économique des pays concernés. Ces économies enregistreront, en effet, une perte directe d'investissements étrangers et se priveront, par-là même, d'un savoir-faire indispensable[71].

De même, les exportations de ces pays réputés contrefacteurs pourraient avoir tendance à baisser dans la mesure où leurs partenaires commerciaux commenceraient à douter de l'authenticité de leurs produits, pourtant vendus sur le marché légal. De cette diminution des échanges s'en suivrait une

---

[71] Rapport OCDE, « Les Incidences économiques de la contrefaçon », 1998.

perte en devises, notamment en dollars américains, nécessaires à leur approvisionnement en matières premières telles que le pétrole.

Enfin, la contrefaçon étouffe aussi le développement d'une industrie propre dans les pays contrefacteurs en décourageant l'innovation. En effet, les entreprises étrangères ne sont pas les seules victimes de l'empire du faux. Les quelques marques nationales, en particulier chinoises, qui tentent de percer sur le marché du luxe se voient, elles aussi, menacées de copie.

Si la contrefaçon constitue une menace pour l'économie d'un pays, le préjudice social qu'elle occasionne, est tout aussi inquiétant. Un emploi sur deux est aujourd'hui occupé dans l'économie parallèle et le coût social pour l'Europe est chiffré, toutes industries confondues, à deux cent mille emplois perdus[72]. Clandestin, le personnel employé dans les usines contrefactrices, implantées dans des pays encore pour la plupart très pauvres, ne bénéficie d'aucune protection sociale ou juridique et travaille dans des conditions plus que précaires, exposé à des risques pour sa santé et sécurité et généralement mal rémunéré.

---

[72] Union des Fabricants, « Les nouvelles tendances de la contrefaçon et de la piraterie », juin 2001, http://www.unifab.com.

DEUXIEME PARTIE : L'ESSOR ACTUEL DE LA CONTREFAÇON DANS LE LUXE, UNE SURVENANCE FAVORISEE AU JAPON

Méconnue par certains, tenue secrète par d'autres, la contrefaçon des produits de luxe semble vouloir durablement reprendre pied sur le marché japonais. Si la montée de ce risque bénéficie certainement d'une réunion de facteurs internes propices (Chapitre 1), elle ne serait réellement préoccupante sans leur combinaison avec un environnement externe, hostile aux droits de la propriété intellectuelle (Chapitre 2).

CHAPITRE 1 : LES FACTEURS ENDOGENES A L'ESSOR DE L'ACHAT DE CONTREFAÇONS

Si les consommateurs japonais ne se montraient un tant soit peu enclins à acheter des produits de luxe contrefaits, aujourd'hui l'observation révèle, au contraire, une soudaine propension à l'achat de contrefaçons. Auparavant de qualité médiocre, les faux sont de plus en plus fréquemment perçus comme une alternative possible à l'accession au luxe. Leur succès, tenant en partie, à l'amélioration de la technique des contrefacteurs qui parviennent aujourd'hui à produire des copies parfaites, s'explique aussi par les profonds changements intervenus dans l'environnement social et économique du pays (Section A), conduisant à une remise en cause du modèle traditionnel de la société japonaise (Section B).

SECTION A : UN ENVIRONNEMENT ECONOMIQUE FAVORABLE A L'ACHAT DE CONTREFAÇONS

Déclenché avec l'effondrement de la Bourse de Tokyo, la crise que traverse l'archipel nippon, a été le révélateur de dysfonctionnements de l'ensemble du système japonais. Plutôt que d'une crise, il conviendrait d'ailleurs mieux de parler de crises : crise financière certes, mais aussi crise économique, crise politique et, enfin, crise sociale. Face à cet environnement incertain, les consommateurs japonais restent dans une situation d'attentisme (§ 2), désorientés par le lent déclin économique de leur pays (§ 1).

§ 1 Une consommation déprimée par la perpétuelle dégradation de l'économie

« *Depuis de longues années, de nombreux analystes ont fait l'erreur de croire que le Japon traversait une crise conjoncturelle, alors que la mutation actuelle est fondamentale, structurelle et mettra des années à déboucher* », commente Evelyne Dourille-Feer du Centre d'études prospectives et d'informations internationales[74]. La période de crise dans laquelle le Japon est entré en 1997, s'avère aujourd'hui être de longue durée, le phénomène ayant été amplifié par une « *tendance naturelle du Japon au pessimisme* »[75]. La récession qui s'est installée depuis dans le pays a pour facteur clef la consommation des ménages.

Représentant en moyenne 60% du PIB, la consommation privée joue le rôle de levier économique. Selon l'Agence gouvernementale de planification économique, chaque baisse de point de la propension marginale à consommer[76] ampute le PIB de 0,6%. Ayant chuté de trois points en 1998, par exemple, la contraction du PIB provoquée a, par conséquent, été d'environ 2%. L'observation des douze dernières années montre une évolution contrastée de la consommation. En

---

[74] Propos recueillis par Stéphane MARCHAND, « Les consommateurs japonais sont tétanisés », *Le Figaro Economique*, 23 janvier 2001.

[75] Anthony ROWLEY, « Le Japon dans l'impasse, Une crise structurelle ou conjoncturelle ? », *Problèmes Economiques*, n° 2613, 21 avril 1999.

[76] La propension marginale à consommer est définie comme la part des dépenses de consommation pour chaque unité supplémentaire de revenu.

effet, alors que la propension des ménages à consommer est restée relativement stable entre 1990 et 1995, elle a commencé à diminuer à partir de 1997. Ce phénomène trouve, en partie, sa raison dans la tendance générale de l'opinion publique à minimiser, voire même à nier la gravité de la crise[77]. En revanche, depuis la fin des années 90 et l'entrée dans un cycle déflationniste, la population privilégie de nouveau l'épargne car elle craint pour sa retraite et veut reconstituer son patrimoine – l'éclatement de la bulle financière ayant eu pour corollaire la perte de valeur des investissements boursiers et fonciers.

Certes, des récentes analyses tablent sur une reprise de la consommation, mais en réalité il s'agit d'une augmentation ou, du moins, d'une stabilisation de la consommation plutôt en volume qu'en valeur. Plus sensibles aux prix, les Japonais ont tendance à acheter des produits moins chers et de moindre qualité[78]. Selon un expert de la banque Barclays, le profil du consommateur a changé. Celui-ci effectue de plus en plus ses achats dans les nouveaux réseaux de distribution que sont les magasins à prix cassés, les soldeurs ou les sites de commerce en ligne. Or, ceux-ci sont rarement pris en compte par les statistiques officielles et, de surcroît, souvent étroitement liés au trafic de contrefaçons. L'image donnée de la consommation est d'autant plus faussée que « *les panels traditionnellement utilisés par les instituts de statistiques ne comportent que 8 000 ménages et que les enquêtes se font exclusivement auprès des grands magasins* », ajoute Evelyne

---

[77] Anthony ROWLEY, « Le Japon dans l'impasse, Une crise structurelle ou conjoncturelle ? », *Problèmes Economiques*, n° 2613, 21 avril 1999.

[78] Stéphane MARCHAND, « Les consommateurs japonais sont tétanisés », *Le Figaro Economique*, 23 janvier 2001 ; David BARROUX, « La consommation des ménages en question », *Les Echos*, 9 octobre 2000.

Dourille-Feer[79]. Par conséquent, il est normal que les achats de produits de luxe dans les boutiques propres et corners de grands magasins continuent à peser lourd dans le panier d'achats des ménages, alors que les achats, et notamment ceux de produits contrefaits, effectués dans les discounters, sur Internet ou par l'intermédiaire de réseaux de connaissances ne sont que mal inventoriés.

§ 2 Une consommation précautionneuse dans un climat social incertain

Frein à la consommation et donc à la reprise économique, la prudence des Japonais a aussi pour cause et conséquence la montée du chômage dans le pays, alimentée par la politique déflationniste qui alourdit les coûts des entreprises et les dissuade d'investir. De 2,1% en 1990, le taux de chômage est passé à 5,4% en 2001 et devrait à court terme atteindre la barre des 6%[80], le Japon dépassant alors ainsi les Etats-Unis (5,8% en 2001). En même temps le nombre d'emplois précaires, à temps partiels ou de « *petits boulots* »[81] augmente continuellement (15,8% en 2001) et les revenus salariaux se détériorent. Les plus touchés sont les jeunes diplômés et les salariés âgés de 40 à 50 ans. Marquant la fin de l'emploi à vie, cette situation est vécue comme particulièrement

---

[79] Propos recueillis par Stéphane MARCHAND, « Les consommateurs japonais sont tétanisés », *Le Figaro Economique*, 23 janvier 2001.

[80] Yves BOUGON, « Japon », L'état du monde 2003, *La Découverte*, 2002.

[81] Les jeunes qui acceptent de petits boulots et changent souvent d'emploi (les « freeters ») ne sont pas comptabilisés comme chômeurs ; Philippe PONS et Pierre-François SOUYRI, Le Japon des Japonais, *L'Autre Guide, Liana-Lévi/Seuil*, 2002.

traumatisante pour une population habituée au quasi-plein-emploi.

Ainsi le Japon doit aujourd'hui apprendre à gérer l'ajustement d'un système auparavant efficace, désormais inadapté au nouvel environnement. Aux mutations économiques s'ajoutent certains changements que les indicateurs économiques ne peuvent mesurer. C'est en effet la mentalité de la population qui est entrain d'évoluer.

SECTION B : LA CRISE DE TRANSMISSION D'UN MODELE AU SEIN DE LA SOCIETE JAPONAISE

Vécue comme « *la défaite de l'économie japonaise* »[82], pour reprendre les paroles de M. Kôsai, président de l'Institut des Etudes Economiques de Nikkei, la crise qui frappe le Japon a porté atteinte aux fondamentaux de la population (§ 1) qui a, en partie, tendance à se réfugier dans le luxe, porteur de valeurs nouvelles (§ 2).

§ 1 La remise en cause des valeurs traditionnelles

Le modèle traditionnel japonais, fondé sur des normes régulatrices des rapports sociaux qui s'affirmaient en particulier dans le cadre de l'entreprise et au profit d'une dynamique de groupe, semble avoir vécu. Alors que les anciens et les politiques tout en constatant la crise se figent

[82] Yoshio SAKUMA, « Le nouveau Japon », *Sociétal*, n° 25, juin 1999, p.59 ; Arnaud RODIER, « La montée du chômage ébranle le modèle social japonais » *Le Figaro Economie*, 2002.

dans un consensus de non-changement, la jeune génération récuse le modèle légué. En majorité elle se sent trahie par la société où le diplôme ne garantit plus l'emploi à vie alors qu'elle demeure polarisée entre perdants et gagnants. Sans véritable modèle de rechange, ils découvrent une nouvelle liberté où les loisirs tendent à l'emporter sur le travail et le devoir, où l'affirmation d'un individualisme naissant se fait plus forte[83].

§ 2 Le luxe, arme de revendication

Si cet attrait pour un mode de vie plus hédoniste peut déboucher sur un nouvel intérêt pour le luxe, il reste néanmoins limité par le niveau de ressources de chacun et l'offre sélective des produits de luxe dans un Japon aux inégalités sociales plus larges qu'auparavant. Cette double restriction pourrait expliquer l'actuel essor des ventes de contrefaçons d'articles de marque, favorisé par une qualité des faux souvent plus que satisfaisante. De nombreux consommateurs ne voient guère plus d'inconvénients dans l'achat d'une contrefaçon, pourvu que son rapport qualité-prix soit honnête. La copie tend à être associée à une bonne affaire plutôt qu'à une infraction. Les acheteurs d'articles contrefaits se sont, par ailleurs, souvent libérés de cette crainte commune de perdre la face après avoir été démasqués par leur entourage comme arborant des faux.

---

[83] Voir pour une étude approfondie, Evelyne DOURILLE-FEER, « Les nouvelles inégalités », *Economie Internationale (CPII)*, n° 84, 4e trimestre 2000.

CHAPITRE 2 : LES FACTEURS EXOGENES DE L'ESSOR DE LA CONTREFAÇON DES PRODUITS DE LUXE AU JAPON

Géographiquement l'archipel nippon fait face à des pays réputés gros contrefacteurs de produits de luxe. Ses voisins sont, en effet, la Chine, la Corée du Sud, Taiwan, la Thaïlande, les Philippines, la Malaisie et l'on retrouve sur le marché japonais des contrefaçons provenant de ces différents pays d'Asie[84].

Cependant, alors que la Chine et Hong Kong sont, selon les estimations des douanes japonaises, les plus gros producteurs en volume, la Corée du Sud est première en nombre de procédures menées[85]. Cette dualité semble trouver sa raison dans le profil de la contrefaçon qui reste propre à chaque pays. Si la Chine se limite à une contrefaçon de masse, produisant d'énormes volumes de faux (Section A), la Corée du Sud se spécialise, quant à elle, dans une production de contrefaçons d'une qualité exceptionnelle (Section B). Ces différences s'expliquent en grande partie par les particularités sociales et économiques respectives de ces deux Etats.

---

[84] Annexe 12.

[85] Annexe 13.

SECTION A : LA CHINE, LA MENACE D'UNE CONTREFAÇON DE MASSE

Communément la contrefaçon est présentée comme un mal endémique à la Chine. Le phénomène est ancien et certains désespèrent de n'y pouvoir trouver une solution viable. Plus de deux ans après son adhésion à l'Organisation Mondiale du Commerce (OMC) et en dépit des avancées dans son ouverture à l'international, la Chine est toujours référencée comme le premier pays contrefacteur du monde (§ 1). On parle ainsi de villages entiers spécialisés chacun dans la fabrication d'un article, d'une pièce à contrefaire[86]. Si la République Populaire s'est, en effet, évertuée à développer ces dernières années la protection des droits de la propriété intellectuelle, le succès de sa mise en œuvre reste limité tant pour des raisons économiques et politiques, que culturelles (§ 2).

§ 1 Un fléau à la taille du pays

L'appréhension de la contrefaçon en Chine suppose l'analyse géographique, mais aussi économique de ce fléau.

---

[86] Michel de GRANDI, « Tout en luttant contre la corruption, Pékin veut s'attaquer à la contrefaçon », *Les Echos*, 13 décembre 2000.

1. Géographie de la contrefaçon

Avec une superficie de 9 596 960 km² et une population d'environ 1,3 milliards d'habitants, il est difficile de contrôler l'activité dans ce vaste pays et de savoir exactement comment la contrefaçon y évolue car cela nécessiterait la mobilisation de moyens financiers, matériels et humains lourds.

Une fois la carte de la contrefaçon tracée, il apparaît que celle-ci s'étend sur l'ensemble du territoire chinois avec néanmoins quelques grands pôles.

Corollaire du développement et de l'ouverture du pays sur l'extérieur, la contrefaçon se localise en particulier dans les zones avec une forte activité économique. Il s'agit principalement de la frange littorale et notamment de la région du Sud-Est. Là sont situées les grandes métropoles, telles que Pékin, Shanghai et Canton, mais aussi un certain nombre de zones économiques spéciales (zones franches) comme Shenzhen, Shantou (province du Guangdong), Xiamen, Zhuhai ou Hainan. Ces dernières sont aussi bien des lieux de production que d'écoulement des faux, situés aux abords des principaux axes de passage du pays et bénéficiant d'infrastructures et de circuits de distribution développés.

Cependant, le choix de la localisation est aussi fortement influencé par le type de contrefaçon produite. En effet, si les plus grosses usines ont tendance à se rapprocher des centres de commerce, en raison des infrastructures, des circuits de distribution offerts, les petits ateliers, parfois individuels, sont dispersés sur l'ensemble du territoire. Ceci se vérifie tout spécialement pour la maroquinerie où une simple machine à coudre peut suffire à la réalisation de copies.

2. Une économie qui entretient la contrefaçon

L'essor de la contrefaçon en Chine date d'à peine dix ans et s'est développé concomitamment à l'ouverture du pays sur l'extérieur et en particulier sur l'Occident. Ainsi, si LVMH n'a inauguré son premier magasin Louis Vuitton à Pékin qu'en septembre 1992, c'est dès 1993 que sont apparues les premières contrefaçons des articles de la marque.

Nombreux éléments poussent à analyser l'industrie du faux comme un effet pervers du développement économique du pays, voire même comme le véritable tremplin de celui-ci. Depuis plus de vingt ans la Chine connaît une croissance continue entre 7,3 et 9,3%. Son taux d'inflation est aujourd'hui extrêmement bas (0,4% en 2000, 0,7% en 2001 et 0,8% en 2002). A l'inverse des autres Etats du continent asiatique, elle n'a pas été frappée par la crise asiatique. Son PIB total pour 2001 est évalué à 5 019,4 milliards de dollars américains. L'un des moteurs de cette croissance économique extraordinaire est certainement la considérable part des investissements étrangers dans son économie. Ainsi, alors qu'avant 1997, 70% des investissements privés directs à l'étranger (IPDE) étaient réalisés dans les dix pays membres de l'ASEAN (Association des Nations du Sud-Est Asiatique) et 30% en Chine, aujourd'hui ce rapport s'est inversé[87].

Or, ce sont justement ces investissements, ces délocalisations de l'étranger vers la Chine qui ont assurément favorisé le développement d'un véritable empire du faux dans le pays, estimé aujourd'hui selon les uns représenter 10% de la

---

[87] Annexe 14.

production industrielle du pays, soit environ 850 milliards de renminbi (118 millions d'euros, données de 2000), alors que les autres l'évaluent à 8% du PIB, soit près de 770 milliards de renminbi[88]. Enfin, en 2000, certains ont estimé son chiffre d'affaires annuel à 16 milliards de dollars américains[89]. Aujourd'hui certains considèrent, qui plus est, que le marché du faux représenterait entre 15 et 20% de l'industrie de la Chine[90]. Cette économie de la contrefaçon a largement profité de l'ouverture sur l'international du pays, gagnant en ingéniosité et en qualité pour devenir une véritable industrie nationale. Avec l'arrivée des étrangers, et en l'espèce des groupes de luxe, que ce soit à travers l'implantation directe d'unités de production ou la création de joint-ventures avec des entreprises chinoises, les contrefacteurs ont trouvé les moyens financiers, matériels (ex : les infrastructures de transports, l'utilisation des nouvelles technologies d'information et de communication) et techniques (ex : le savoir-faire) nécessaires au rapide développement de leur activité. L'on rencontre fréquemment des usines qui le jour produisent les articles qui leur ont été commandés par les groupes de luxe étrangers et la nuit une marchandise non-autorisée qu'ils revendent pour leur propre compte. La délocalisation des unités de production génère toujours un risque majeur de fuite de secrets de fabrication…

Enfin, il convient de rappeler que travailler dans la contrefaçon constitue parfois la seule solution pour une main d'œuvre frappée aujourd'hui de plein fouet par les restructurations engagées par les entreprises d'Etat.

---

[88] Michel de GRANDI, « Pékin s'attaque à l'empire du faux », *Les Echos*, 26 mars 2002.
[89] Selon le magazine *Fortune*, octobre 2000.
[90] Frédéric BOBIN, « Contrefaçon au marché de Xiushui », *Le Monde*, 25 octobre 2002.

Employant auparavant des villages entiers, elles n'hésitent plus à licencier, afin d'atteindre un niveau de compétitivité proche de celui des industries occidentales.

« *Aux opportunistes amateurs (...) ont désormais succédé les professionnels de la contrefaçon qui emploient parfois plusieurs milliers d'ouvriers par usine, profitent aux mieux de l'immense territoire chinois en éparpillant leurs sites de production à plusieurs centaines de kilomètres les uns des autres, communiquent par téléphones satellites et cryptés, utilisent des réseaux de contrebande chinois et internationaux, manufacturent des produits d'une qualité parfois comparable à celle des produits imités, achètent leur protection à des autorités locales parfois irrémédiablement corrompues, blanchissent par la contrefaçon des revenus tirés d'autres activités criminelles...* »[91]. L'analyse de l'ADAMAS, premier cabinet d'avocats français à avoir été autorisé par le Ministère chinois de la justice, rend compte de l'ampleur du phénomène et de la connexité existant entre la contrefaçon et le développement économique, mais aussi entre la contrefaçon et le second mal endémique au pays : la corruption, profondément ancrée dans la mentalité de la population.

---

[91] Cabinet ADAMAS, « Le traitement pénal de la contrefaçon en République Populaire de Chine », http://www.adamas.com.cn/Publications_traitement_penal_contrefaçon_chine.htm.

3. Une mentalité encore largement réfractaire au changement

La contrefaçon trouve certainement un terreau favorable à sa prolifération dans l'organisation sociale et culturelle de la Chine.

Réputée premier contrefacteur au monde, la République Populaire est aussi célèbre pour son système administratif gangrené à tous les niveaux par la corruption. En effet, la Chine se caractérise par une administration complexe et hiérarchisée, aux compétences mal définies et avec de fortes rivalités internes. Trouver le bon interlocuteur qui saura écouter, mais aussi transmettre et exécuter les demandes de saisie et autres actions nécessaires à la répression de la contrefaçon n'est pas toujours évident et cela d'autant moins, que l'on constate de plus en plus des liens familiaux, amicaux, politiques entre les représentants de l'Etat (ex : les agents de police) et les contrefacteurs[92]. Fréquemment les « *opérations coups de poings* » échouent en partie parce que les trafiquants ont été prévenus de la descente imminente des agents des cellules anti-contrefaçon. Ils ont alors suffisamment de temps pour quitter le terrain, voire même pour vider complètement les usines de leurs marchandises et matériels. La protection dont bénéficient certains contrefacteurs s'explique aussi par l'intérêt qu'ont généralement les officiels à préserver la seule source de revenus et d'activité locale qu'est le travail dans la contrefaçon.

---

[92] Grégoire de VOGUË, « Les Entreprises Françaises et la Contrefaçon en Chine », *Dossiers de l'Union des Fabricants*, 21 novembre 2001, http://www.unifab.com/uk/05_actu//Illustrations/contrefaçon.pdf.

Bien que la lutte contre la contrefaçon s'organise à l'échelle nationale, il est certain qu'il faudra encore plusieurs années pour assainir totalement l'économie chinoise. Ceci est d'autant plus vrai que cela nécessite un profond changement dans la mentalité de la population. L'ambiguïté autour de la notion de propriété privée permet au système chinois, tissé de réseaux d'influence et de relations personnelles, de perdurer[93].

D'un point de vue culturel, la notion de protection des droits de la propriété intellectuelle est un concept nouveau pour la Chine. Ainsi, dans son rapport cité précédemment, l'Union des Fabricants explique que la mentalité chinoise ne fait nulle différence entre le vrai et le faux. Bien au contraire, traditionnellement « *le plus grand hommage que l'on pouvait faire à son maître, c'était de le copier, de s'en inspirer(...). On a ainsi un total retournement de la façon dont on peut concevoir les choses : la copie, c'est rendre hommage, et non pas porter atteinte* ».

Cependant, il convient de rappeler ici que, si l'on compare la situation chinoise à celle de l'Europe, on ne peut qu'être frappé par la rapidité avec laquelle la protection juridique des droits de la propriété intellectuelle se forme en République Populaire.

---

[93] François GODEMENT, « La Chine : enjeux institutionnels de l'intégration globale », Ramsès 2003, Les grandes tendances du monde (Collectif), *Editions Dunod*, 2002, p. 179 ; Pierre HASKI, « Grande Traque à la contrefaçon en Chine », *Libération* 16 juillet 2001.

§ 2 Un Etat de lois, mais non un Etat de droit[94]

Aujourd'hui le gouvernement chinois a pris conscience de l'urgence de doter le pays d'un dispositif légal efficace de protection des droits de la propriété intellectuelle et cela pour de multiples raisons : le manque à gagner fiscal d'abord, chiffré en 2000 par les analystes du *China Anti-Counterfeiting Committee* (CACC) à 24 milliards de dollars par an, les engagements pris en contrepartie de son adhésion à l'OMC ensuite, la protection des produits nationaux enfin.

1. Une protection légale globale de la propriété intellectuelle en Chine

Le dispositif légal dont s'est doté la Chine, est, sur de nombreux points, similaire à celui en vigueur dans les pays occidentaux.

Relativement complet, il prévoit par exemple en amont que la protection des droits de la propriété intellectuelle (DPI) sera assurée essentiellement par une procédure d'enregistrement, certes onéreuse, auprès des autorités administratives compétentes. Il présente aussi la particularité de proposer depuis peu aux entreprises étrangères dont les marchandises sont produites ou transitent à l'intérieur pays, d'enregistrer leurs produits auprès des douanes chinoises qui effectuent régulièrement un contrôle des entrées et sorties de marchandises du territoire. En raison de la configuration

[94] Selon la formule de Jean-Pierre CABESTAN (1999).

géographique du pays, on peut cependant douter de l'efficacité d'une telle mesure.

En aval, la répression de la contrefaçon a été rendue plus sévère au cours de dernières années. Depuis le 1er octobre 1997, le nouveau code pénal chinois traite explicitement dans sa division II des crimes de trouble à l'ordre économique socialiste de marché et des atteintes aux droits de la propriété intellectuelle. Il dispose que l'utilisation non-autorisée d'une marque enregistrée, la vente des produits contrefaisant une telle marque ou un brevet, l'utilisation non autorisée d'une invention brevetée et la violation de droits d'auteurs ou du secret commercial constituent une infraction pénale et sont punies de peines d'amendes ou de d'emprisonnement allant jusqu'à sept ans. Plus largement sont prohibées toutes productions et/ou ventes d'imitations de produits et/ou ventes ou productions de produits de qualité inférieure.

2. Une pratique encore peu rompue à la protection légale

Si le droit chinois offre certes des outils de protection de la propriété intellectuelle, a priori bien pensés, il reste néanmoins quelque peu lacunaire. Ainsi, de nouveaux concepts, conséquences du progrès technologique, tels que la marque numérique (ex : les parfums Chanel N°5, N°19), les noms génériques (ex : « *Femme* » de Rochas) ou encore la marque tridimensionnelle (ex : la gamme de cuir « *Epi* » de

Louis Vuitton Malletier), ne sont pas encore suffisamment intégrés.

Aux vides légaux s'ajoute une relative insécurité juridique. Parfois excessivement pointilleuse, l'administration chinoise peut se montrer fort discrétionnaire, allant jusqu'à refuser tout bonnement l'enregistrement. Par méconnaissance du droit positif ou mauvaise volonté, la demande d'extension de dépôts internationaux du joaillier Fred a, par exemple, été rejetée sans justification aucune, bien que la Chine soit signataire des arrangements de Madrid de 1891. L'intérêt principal de cette procédure d'extension est d'éviter à un déposant de solliciter un enregistrement de la marque dans chacun des pays où il souhaite la protéger par une procédure centralisée qui lui permet d'obtenir un enregistrement international à partir duquel seront demandés les enregistrements nationaux dans ces différents pays.

Cette insécurité juridique trouve pour partie ses origines dans le manque de formation des agents de l'administration locale (ex : la mauvaise interprétation des dispositions légales et le flou entourant certains concepts juridiques), sans oublier les difficultés de traduction en Chinois des noms occidentaux. Alors que certaines groupes étrangers ont constaté que beaucoup de Chinois ne reconnaissent une marque notoire que si elle l'est en Chine[96], d'autres ont découvert plusieurs traductions différentes de leurs marques. Utiliser l'alphabet latin ne serait qu'une solution peu satisfaisante dans la mesure où celui-ci est imprononçable pour les Chinois, ce qui nuit à la reconnaissance de la marque et cela d'autant plus que le caractère chinois prime, en principe, le caractère latin.

---

[96] Grégoire de VOGUË, « Les Entreprises Françaises et la Contrefaçon en Chine », *Dossiers de l'Union des Fabricants*, 21 novembre 2001, http://www.unifab.com/uk/05_actu//Illustrations/contrefaçon.pdf.

Si la phase d'enregistrement pose parfois des problèmes, la mise en œuvre des instruments juridiques en cas de contrefaçon laisse encore plus à désirer, notamment du point de vue pénal[97]. Selon le cabinet d'avocats ADAMAS, les dispositions afférentes à la protection des droits de la propriété intellectuelle manient des notions qui nécessitent d'être définies plus précisément par le juge répressif chinois. Or, une jurisprudence n'existe pas encore véritablement en la matière, le code pénal dans sa version actuelle ne datant que de 2001. Les quelques affaires qui ont été portées devant les chambres spécialisées en droit de la propriété intellectuelle ne concernaient, en général, que des cas bien spécifiques de violation du droit (notamment des contrefaçons ayant mis en danger le consommateur) et ne se sont soldées que par le prononcé d'amendes[98].

Par ailleurs, la lourdeur de la procédure pénale constitue un obstacle à une lutte efficace contre la contrefaçon. En effet, comme pour l'enregistrement des droits de la propriété intellectuelle, il apparaît, d'une part, que les chargés de la Sécurité Publique n'appliquent pas de manière uniforme les critères retenus par le droit pénal chinois, notamment celui de la gravité de l'atteinte portée aux droits en cause. D'autre part, les compétences des différents organes de

---

[97] Mélanie SCHLOSSER, Missions Economique de Pékin, « Les instruments de la lutte anti-contrefaçon en Chine », *Fiche de synthèse*, MINEFI-DREE, actualisation mars 2002, http://www.dree.org/chine.

[98] En février 1999 les propriétaires d'une usine produisant des sodas contrefaits ont été condamnés à une amende de 50 000 RMB après la saisie de 4 000 bouteilles contrefaites. De même, après la découverte en juin 1997 et septembre 1997 de contrefaçons de chaussures et d'emballages destinées à l'exportation, une amende de 500 000 RMB a été prononcée à l'encontre des coupables.
Cabinet ADAMAS, « Le traitement pénal de la contrefaçon en République Populaire de Chine »,
http://www.adamas.com.cn/Publications_traitement_penal_contrefaçon_chine.htm.

l'administration (ex : le Service de Sécurité Publique ou le Service de Criminalité Economique) sont encore mal définies et ces derniers ont tendance à se doubler mutuellement. Toutefois, il convient de rappeler que le glissement de la lutte de l'administration à la police constitue une avancée importante. En effet, jusqu'à une période récente l'Administration de l'Industrie et du Commerce (AIC) détenait seule le monopole de la lutte anti-contrefaçon sur le terrain, conduisant les opérations coups de poing (ex : les descentes dans les locaux, saisies de stocks, prononcés d'amendes). Si leur action est relativement peu coûteuse et rapide, elle ne permet guère de démanteler véritablement les réseaux. En effet, dans leurs démarches les fonctionnaires sont gênés par les diverses obligations qui leur sont faites (ex : porter un uniforme, ne pas procéder à des fouilles ou entrer par effraction dans un bâtiment…). Ne pouvant intervenir par surprise, ils se voient souvent limités à saisir les seules marchandises visibles (ex : l'étalage dans la rue) qui ne sont pas assez importantes pour constituer un délit grave[99].

Enfin, les contrefacteurs sont fréquemment liés aux réseaux mafieux. Au-delà de l'importance des moyens financiers et humains qu'elle nécessite, la lutte contre ces derniers s'avère délicate et extrêmement dangereuse pour ceux qui combattent la contrefaçon. Là encore, si une prise de conscience politique se fait sentir – depuis juillet 2001 des poursuites pénales peuvent être engagées contre les agents administratifs qui ne transmettraient pas les dossiers au pouvoir judiciaire – un chemin important reste encore à parcourir.

---

[99] Michel de GRANDI, « Les contrefacteurs risquent de plus en plus la prison », *Les Echos*, 26 mars 2002.

Face à ces imperfections, le Japon qui a fortement soutenu l'entrée de la Chine à l'OMC, se dit directement concerné par l'amélioration de la protection des droits de la propriété intellectuelle en République Populaire. Ainsi, dans un rapport en date de juin 2000[100], le METI recommande la conduite d'actions de sensibilisation de la Chine à la contrefaçon par le Japon. Il appelle à la tenue régulière sur une base inter-gouvernementale de forums et réunions d'information et de prévention.

SECTION B : LA COREE DU SUD, UNE CONTREFAÇON DE SPECIALISATION

Alors que la République Populaire de Chine est considérée comme le premier pays contrefacteur au monde, depuis quelques temps la Corée du Sud semble vouloir lui ravir son titre, non par le volume de contrefaçons fabriquées, mais par leur qualité et, par conséquent, le chiffre d'affaires généré. Les faux en provenance de ce pays se démarquent par leur quasi-perfection. Pour la majorité des consommateurs, et même des spécialistes, les super-copies ne se laissent en rien différencier des articles originaux. Afin de cerner la portée de ce phénomène, il est nécessaire de comprendre les facteurs

---

[100] Rapport du METI, Issues Regarding Accession of China, Russia, and Taiwan to the WTO, 02 juin 2001, *http://www.meti.go.jp/english/report/downloadfiles/gCT0116e.pdf.* Yoichi MORISHITA, Président de Matsushita Electric Industrial Co et Taku YAMASAKI, secrétaire général du parti libéral démocratique japonais, ont eux aussi souligné la nécessité d'une coopération et assistance mutuelle plus étroites entre la Chine et le Japon, notamment sur le plan économique et par conséquent aussi dans la lutte contre la contrefaçon dans Anonyme, « Panel urges Japan to toughen up in preparation for Chinese ascent », *The Nikkei Weekly*, 30 juillet 2001.

économiques (§ 1) et géopolitiques (§ 2) qui ont permis son développement.

§ 1 Les facteurs économiques explicatifs de l'essor de la contrefaçon

A l'inverse de la Chine, la Corée du Sud a été frappée de plein fouet par la crise asiatique de 1997. D'une forte croissance (+8,4% en moyenne sur la période 1970 à 1996), la Corée du Sud est brutalement passée à une grave récession (-6,5% en 1998)[101]. Cette dernière trouve sa cause immédiate dans une crise des taux de change en Thaïlande, provoquée par la vente brutale par les investisseurs de leurs actifs boursiers en bahts contre des dollars. Pour défendre sa monnaie, le gouvernement thaïlandais a d'abord augmenté les taux d'intérêt. Toutefois, le prix s'avérant trop élevé, il céda bientôt, laissant le baht se déprécier. Rapidement, la crise a contaminé les économies voisines de Malaisie, d'Indonésie et de Corée du Sud. En juillet 1998, le won coréen avait perdu 40% de sa valeur de janvier 1997.

Pour les ménages coréens, en particulier pour ceux de la classe moyenne, l'abrupte dégradation de la conjoncture économique a été lourde de conséquences. Ainsi, la production a été réduite de 6,8%, le taux de chômage triplé, bondissant de 2,5% à 8,5% entre 1997 et 1998 et le salaire moyen bridé[102]. Certains piliers de l'économie, implantés dans les zones industrielles particulièrement favorisées par

---

[101] Chiffres de l'OCDE *Outlook*, décembre 1998.
[102] « Evaluation et Recommandations », *Examens territoriaux de l'OCDE Corée*, 8 décembre 2002, http://www.oecd.org.

l'action publique tels que le groupe automobile Daewoo, s'effondrent.

La crise asiatique se révèle être une véritable aubaine pour les contrefacteurs. Elle leur a permis par la suite de recruter une main d'œuvre peu chère, mais hautement qualifiée. A l'inverse de la Chine, la Corée du Sud ne vit plus depuis longtemps fermée sur elle-même. En effet, elle a été « *contrainte de s'ouvrir [aux étrangers] pour obéir au Fonds monétaire international (FMI) en échange d'une aide de 57 milliards de dollars. Acculée, elle a mis à plat, du jour au lendemain, son secteur public, ses grandes entreprises et l'ensemble de ses établissements financiers* »[103]. Nombreux groupes étrangers, tous secteurs confondus, ont alors décidé de délocaliser tout ou partie de leur production vers la péninsule.

Cette politique industrielle, se concrétisant dans la conclusion de contrats de licence ou de joint-ventures, a malheureusement aussi contribué à doter les contrefacteurs coréens du matériel et du savoir-faire nécessaires, qu'il suffisait ensuite d'adapter à la production envisagée. Ceci explique, en partie, pourquoi des marques telles que Louis Vuitton, qui se sont toujours refusées à toute production hors de France, soient aussi bien contrefaites dans les usines coréennes. Ainsi, la Corée du Sud s'est spécialisée dans une « *contrefaçon de luxe* », proposant des produits d'une qualité étonnante, ne se laissant que difficilement distinguer des originaux.

Aujourd'hui, la crise asiatique étant en partie surmontée et les salaires marquant une tendance à la hausse, les contrefacteurs

---

[103] Arnaud RODIER, « Le redressement de la Corée du Sud met en lumière les blocages du Japon », *Le Figaro Economie*, 26 novembre 2002.

coréens reproduisent le comportement des groupes occidentaux et commencent à délocaliser leurs usines vers des Etats voisins qui, eux-aussi, améliorent constamment la qualité de production de leurs faux tels que la Chine ou la Malaisie. Cette dernière est, d'ailleurs, en passe de devenir la nouvelle plaque tournante de la région grâce à ses liens privilégiés, en raison de ses communautés ethniques, avec la Chine, l'Inde, la plupart des pays musulmans et les Etats-Unis...[104]

§ 2 Les facteurs géopolitiques favorables au commerce de la contrefaçon

Un certain nombre de caractéristiques propres à la péninsule coréenne favorisent aujourd'hui l'économie de la contrefaçon des produits de luxe, du moins indirectement.

Le pays bénéficie d'une géographie particulièrement favorable au trafic des produits contrefaits. La répartition des différents maillons de la chaîne de la contrefaçon est, en effet, calquée sur la carte de l'activité économique du pays, caractérisée par une importante disparité régionale. Les usines productrices sont, en général, implantées à la périphérie des grandes agglomérations, dans des zones plus pauvres et quasiment dépeuplées. L'étape distribution, quant à elle, bénéficie largement de l'action menée par les autorités publiques pour développer certaines zones d'activité sur la péninsule. L'activité économique se concentrant dans un

---

[104] Entretien avec B. STALLA BOURDILLON, Directeur Général Adjoint de LVMH Fashion Group, Paris, 22 janvier 2003 ; Florence de CHANGY, « Les contrefacteurs changent de pays au gré des contrôles ou des occasions », *Le Monde*, 26 décembre 2002.

nombre restreint de secteurs géographiques, définis par le corridor Séoul-Busan et le littoral sud-est, ces derniers sont bien dotés en infrastructures et moyens de communication modernes. De plus, les frontières côtières, longues et difficiles à surveiller sont propices à l'écoulement des faux hors du territoire coréen, en direction du Japon par exemple. Les réseaux de contrefacteurs coréens disposent, en effet, de ramifications sur l'archipel prêtes à réceptionner la marchandise exportée. Ainsi, dans la région d'Osaka on observe la présence d'une minorité coréenne, dont une petite frange est liée à la pègre locale.

Par ailleurs, sa proximité du Japon en fait une destination de premier choix pour bon nombre de Japonais qui, à la suite des attentats du 11 septembre 2001, hésitent à participer à des voyages lointains. De fait, le nombre de touristes en provenance du Japon a dépassé la barre des 200 000 en mars 2002, après avoir plongé en octobre 2001 (174 304 visiteurs) et atteint son niveau le plus bas en décembre 2001 avec 151 381 visiteurs.[105] Pour profiter pleinement de cette nouvelle vague touristique, la Corée du Sud s'est spécialisée dans le « *touristic shopping* ». Selon des observateurs de Séoul, « *les Japonais affluent par charters entiers pour remplir leurs sacs d'articles contrefaits et les revendre dans l'archipel* »[106]. Si une part importante des ventes est encore réalisée sur le marché traditionnel Dongdaemun de la capitale, avec des produits généralement présentés sur catalogue, mais disponibles immédiatement dans la prochaine échoppe, au coin d'une rue ou dans les couloirs du métro, les

---

[105] Jean-Pierre GOUAULT, « Le marché du duty-free en Corée : le retour à la normale », *Objectif Corée MINEFI-DREE*, 14 juin 2002, http://www.dree.org.

[106] Richard Werly, « Le Japon courtise ses filles prodigues », *Libération* 13 novembre 2002.

copies sont de plus en plus fréquemment distribuées dans les boutiques d'hôtels accueillant une clientèle internationale[107].

Face à cela, une réaction des autorités coréennes est attendue avec une impatience croissante. Certes, un cadre national propice à la protection des droits de la propriété intellectuelle a été développé en Corée du Sud. Toutefois, beaucoup d'efforts restent à faire, notamment en termes de formation du personnel, de sensibilisation des populations ou, tout simplement, de changement des habitudes prises. Selon un rapport des Missions Economiques en Asie[108], nombreux offices asiatiques de protection de la propriété intellectuelle continuent à accepter l'enregistrement de marques similaires aux marques notoires étrangères ou, au contraire, imposent des critères d'enregistrement beaucoup trop sévères. Selon de nombreux spécialistes, une solution viable au problème de la contrefaçon sera trouvée le jour où les pouvoirs publics coréens considèreront la propriété intellectuelle comme une priorité de leur action. Le dialogue entre les autorités coréennes et étrangères sera alors un point clef d'une protection réussie. Les partenaires politiques et économiques occidentaux devront persuader leurs homologues coréens qu'être réputé contrefacteur porte gravement atteinte à l'image de marque des entreprises du pays. Heureusement les politiques ont pu récemment se féliciter des premières avancées en ce sens. En visite à Séoul en novembre 2002, le ministre français du Commerce Extérieur de l'époque,

---

[107] Jean-Pierre GOUAULT, « La contrefaçon des produits de luxe en Corée du Sud », *Objectif Corée MINEFI-DREE,* 08 avril 2002, http://www.dree.org ; voir aussi Song EUI-DAL, « Foreign Brands Battle Armies of Local Counterfeiters », *The Chosun IlBO*, 10 mai 2001.

[108] Jacques DELORME, Stéphane PASSERI, « Bilan des mesures mises en œuvre en Asie en matière de protection des droits de la propriété intellectuelle », *Revue Asie Stratégie DREE,* n° 95, 15 novembre 2001, http://www.dree.org/asie/_private/abstract_ged.cfm?IDDocument=23836.

François Loos, a cité l'exemple du principe d'indication géographique (AOC), reconnu par les deux pays et qui interdit à la Corée l'utilisation de l'appellation de « *champagne* », comme un premier pas vers une reconnaissance efficiente de la propriété intellectuelle[109].

Pris entre petites avancées et freins multiples au développement d'une réelle reconnaissance des droits de la propriété intellectuelle en Asie, les groupes étrangers, désireux de s'implanter durablement dans cette région, doivent intégrer la sauvegarde de leur patrimoine immatériel dans leur stratégie de développement.

---

[109] Yves DERICAUD, « Le Ministre du Commerce Extérieur à Séoul », *Actualités, Objectif Corée*, MINEFI-DREE, 28 novembre 2002, http://www.dree.org.

TROISIEME PARTIE: LA CONTREFAÅON, UN RISQUE INELUCTABLE POUR LE MARCHE DU LUXE ?

Ainsi que vu précédemment, l'essor de la contrefaçon des produits de luxe au Japon constitue un véritable danger pour les entreprises étrangères actives dans le secteur. Alors que ces dernières semblent avoir pleinement conscience de l'enjeu en cause, parvenant à s'organiser efficacement (Chapitre 2) et que le fléau est susceptible d'affecter durablement la santé économique, sociale et politique de la région, les pouvoirs publics nationaux rencontrent encore de réelles difficultés dans la définition d'une stratégie de riposte efficace (Chapitre 1).

CHAPITRE 1 : LA LUTTE ANTI-CONTREFAÇON DES POUVOIRS PUBLICS, ENTRE REACTION ET ACTION

La lutte contre la contrefaçon réclame une veille constante de la part des pouvoirs publics. Elle ne sera efficace qu'au terme d'une politique de lutte volontariste, conjuguant actions curatives et préventives. Toutefois, un tel équilibre est d'autant plus difficile à assurer que le fléau est aujourd'hui mondialisé. Par conséquent, il est absolument nécessaire que les mesures anti-contrefaçon soient prises tant au plan national (Section A) qu'international (Section B).

SECTION A : LE JAPON, EXEMPLE D'UNE PROTECTION REUSSIE, MOTEUR DU DEVELOPPEMENT DURABLE DE SES VOISINS

Aujourd'hui, le Japon dispose d'une législation mature et efficace en termes de protection des droits de la propriété intellectuelle. Si son principal handicap reste la faiblesse des sanctions encourues (§ 2), elle doit néanmoins servir d'exemple aux autres pays de l'Asie du Nord-Est (§ 1).

§ 1 Une protection réelle des droits de la propriété intellectuelle au Japon…

Ainsi que vu précédemment, le Japon est exposé au risque d'un essor de la contrefaçon des produits de luxe, non pas tant en raison des faiblesses de son système de protection des droits de la propriété intellectuelle, qu'à cause d'une conjonction de facteurs, externes et indirects, qui le rendent vulnérable.

Hier encore contrefacteur, l'archipel nippon a su, en l'espace de quelques années, éradiquer la production de contrefaçons de son territoire. En effet, son dispositif législatif et administratif de lutte contre la contrefaçon apparaît très complet et proche de ceux des pays occidentaux.

Le nombre élevé d'acteurs en charge de la propriété industrielle témoigne de l'intérêt que porte le Japon à la protection de ces droits. Les principales structures sont l'Office des brevets japonais (*Japan Patent Office*, JPO) et l'Organisme japonais d'information sur les brevets (*Japan Patent Information Organisation*, JAPIO) qui dépendent toutes deux du Ministère de l'Economie, du Commerce et de l'Industrie (METI). Alors que la première définit et met en œuvre la politique nationale et internationale en matière de propriété industrielle, la seconde assure la correcte diffusion de l'information. Dans leur mission, ces deux organes sont soutenus par des structures indépendantes telles que l'Institut japonais pour l'invention et l'innovation (JIII), l'Institut de propriété intellectuelle ou le Centre national pour l'information sur la propriété industrielle (NCIPI)[110], chargées soit de la promotion de l'activité créatrice, soit de la diffusion de l'information. Ces différentes autorités interviennent principalement en amont en procédant à l'enregistrement d'un droit de la propriété industrielle[111] ou en informant sur l'existence éventuelle d'un tel droit pour un titulaire particulier.

---

[110] Voir plus en détails Etienne LAUMONIER, La propriété industrielle au Japon, Eudes des Missions Economiques, Tokyo, *Editions du CFCE*, juin 2002.
[111] Annexe 21.

Si une partie de la protection des droits de la propriété intellectuelle peut être assurée en amont, l'intervention des forces de l'ordre reste nécessaire en aval pour faire cesser le cas échéant l'atteinte portée. La police nationale comme celle attachée à chaque préfecture sont en charge de la constatation de l'infraction au niveau local et national. Ainsi, les infractions à la loi sur les marques représentent près de 65% des infractions aux droits de la propriété intellectuelle traitées[112]. Aux frontières du territoire, ce sont les douanes qui interviennent avec des équipes spécialement formées, soit lors d'un contrôle spontané à leur seule initiative, soit à la demande du requérant, dès lors que le risque de contrefaçon est suffisamment établi. La réforme du 28 mai 2001 a considérablement accru les pouvoirs des agents lors de l'examen douanier. En effet, ceux-ci peuvent aujourd'hui refuser discrétionnairement à l'importateur la réexpédition de la marchandise suspecte[113], ce qui a pour corollaire un accroissement du risque de destruction de cette dernière. Pour se couvrir en partie de ce risque, les contrefacteurs tendent à augmenter le nombre de chargements tout en réduisant le volume de chacun. Les produits de luxe, facilement transportables car généralement de taille réduite et non périssables (ex : la joaillerie, les parfums et les accessoires de maroquinerie), se prêtent particulièrement bien à cette pratique.

Il apparaît ainsi que le Japon a su mobiliser différents acteurs pour assurer le respect de son ordre juridique. La législation en matière de propriété industrielle est encore très jeune

---

[112] Annexes 15, 16.

[113] Avant la directive interne n° 439 du 28 mai 2001, l'importateur dont la marchandise était suspectée de contrefaçon avait le choix entre quatre options : la destruction, l'abandon, la remise ou la réexpédition volontaires de la marchandise ; annexes 17, 18, 19, 20.

puisque partie du dispositif a été renforcée vers le milieu des années 90 sous la pression des partenaires commerciaux étrangers[114]. Aujourd'hui, l'obligation générale de faire respecter les droits de la propriété intellectuelle est ancrée dans la Constitution japonaise (art. 37 § 2, 76 §§ 2 et 3) et la protection offerte est proche de celle prévue par les systèmes juridiques occidentaux. Le droit japonais de la propriété industrielle trouve, de fait, sa source dans un certain nombre d'engagements internationaux tels que la Convention de l'Union de Paris du 20 mars 1883, entrée en vigueur au Japon le 15 juillet 1899, le Protocole de Madrid, entré en vigueur au Japon le 14 mai 2000[115] ou encore la Convention de Stockholm instituant l'OMPI du 14 juillet 1967.

Le Japon offre une protection étendue aux marques et se place ainsi au troisième rang mondial en termes de marques enregistrées[116]. Selon l'article 2 de la Loi japonaise sur les marques, il faut entendre par « marque » tous mot, signe (sonore ou figuratif), toutes forme tridimensionnelle ou combinaison de ces éléments, avec ou sans couleur, formant un signe distinctif, pouvant être apposés sur des produits ou accompagner des prestations de services et pouvant garantir au public leur provenance industrielle ou commerciale. La protection couvre les marques déposées, voire non-déposées

---

[114] B. A., « La propriété intellectuelle comme instrument stratégique, Le Japon veut passer de la contrefaçon à la défense des marques », *Le Monde,* 8 Novembre 1994.

[115] Le Japon a ratifié le Protocole de Madrid selon lequel seules les marques préalablement enregistrées sont susceptibles d'être enregistrées internationales. Il n'est pas partie à l'Arrangement de Madrid qui stipule que les marques en cours d'enregistrement au plan national peuvent faire l'objet d'une demande d'enregistrement international. La France ayant ratifié les deux accords, entre elle et le Japon la demande d'enregistrement internationale relève concomitamment des deux textes.

[116] Etienne LAUMONIER, La propriété industrielle au Japon, Eudes des Missions Economiques, Tokyo, *Editions du CFCE,* juin 2002.

lorsque ces dernières sont largement ou notoirement connues. Louis Vuitton et la majorité des marques de luxe françaises sont recensées comme telles par le JPO et il est, par conséquent, impossible à tout tiers d'enregistrer une marque similaire ou identique pour des produits qu'ils soient ou non similaires ou identiques. Depuis 1993, le caractère de notoriété est d'ailleurs apprécié au regard de l'ensemble du marché mondial, et non plus limité au seul marché japonais. Enfin, doit être noté l'effort de l'administration pour écourter la durée d'enregistrement d'une marque. Entre 1997 et 2001, la durée moyenne de la procédure est ainsi passée de vingt et un à onze mois. Ceci permet, par ailleurs, au Japon de contrer l'accusation portée par les pays étrangers d'utiliser à dessein la propriété industrielle pour faire du protectionnisme déguisé[117].

Par conséquent, l'archipel paraît avoir mis en œuvre, tant au plan législatif que réglementaire, une stratégie cohérente de protection des droits de la propriété intellectuelle. Cette dernière doit, aujourd'hui, servir d'exemple à ses pays voisins, et notamment à la Chine. Si un dispositif bénéficie d'abord aux entreprises étrangères présentes sur le territoire, elle contribue à plus long terme à l'amélioration de l'économie du pays en lui offrant un cadre favorable au développement de ses propres industries, sauvegardant leur capacité d'innovation. Dans son bilan des mesures mises en œuvre en Asie en matière de protection des droits de la

[117] B. A., « La propriété intellectuelle comme instrument stratégique, Le Japon veut passer de la contrefaçon à la défense des marques », *Le Monde,* 8 novembre 1994.

propriété intellectuelle[118], le Poste d'Expansion Economique de Singapour soutient qu'il y existe « *un cycle de la protection intellectuelle* », traversant les étapes suivantes :

- « *Niveau 1 : développement d'un cadre national propice à la PI (systèmes d'enregistrement efficients), s'inscrivant dans les systèmes internationaux tels que (...) l'Union de Madrid (enregistrement international des marques). Un tel développement favorise la confiance des investisseurs étrangers – donc l'IDE, les licences, l'exploitation de produits sur le territoire.*
- *Niveau 2 : la présence de ces investissements et produits PI stimule le développement de créations locales et permet la diffusion rapide de l'innovation (fonction de divulgation du brevet) : la copie se développe naturellement, un pays importateur net de nouvelles technologies préférant souvent garder un système de DPI relativement permissif vis-à-vis des imitateurs et contrefacteurs, mais conjointement l'utilisation sous le biais de l'inspiration stimule également une création locale de droits de PI (ex : Chine, Thaïlande, Inde).*
- *Niveau 3 : enfin, s'il existe une politique nationale pro-active, la contrefaçon s'efface largement, voire disparaît, au bénéfice de la création et de*

---

118 DELORME Jacques, PASSERI Stéphane, « Bilan des mesures mises en œuvre en Asie en matière de protection des droits de la propriété intellectuelle », *Revue Asie Stratégie DREE*, n° 95, 15 novembre 2001, MINEFI-DREE, ME Singapour, http://www.dree.org/asie/_private/abstract_ged.cfm?IDDocument=23836.

> *l'innovation locales : une sensibilisation des administrations et l'accent mis sur l'éducation pour favoriser la créativité et l'innovation, moteurs du développement durable, sont ici des éléments essentiels. En effet, c'est lorsqu'un pays commence à disposer des capacités nécessaires au développement autonome de ressources PI (nouvelles technologies, produits culturels, etc.) qu'il tend à adopter un système de DPI réellement efficace S'ensuit alors une utilisation accrue de la PU par la population et les industries locales, intégrant la PI comme valeur ajoutée (Japon).* »

Ce processus s'applique aussi au secteur du luxe et l'on peut espérer que l'arrivée de créateurs locaux tels Bo Tao pour la Chine ou Chen Yifei[119], conduira à une prise de conscience générale de l'importance de l'enjeu, d'autant plus rapidement que la marque « *Layefe* » développée par ce dernier commence déjà à être contrefaite…

§ 2 …qui connaît encore des faiblesses dans son application concrète

Si le Japon peut être cité comme un modèle réussi du passage de contrefacteur à celui de défenseur des droits de la propriété intellectuelle, il n'en reste pas moins que la protection qu'il offre, connaît un certain nombre de lacunes

---

[119] Stéphanie OLLIVIER, « L'Empire du Milieu s'éveille aux grandes marques par l'étiquette », *CB News Spécial Luxe*, n° 551, 21-27 décembre 1998 ; Suh-Kyung YOON, « Shanghai Chic », 21 mars 2002, http://www.feer.com..

qui le rendent perfectible et en font aujourd'hui un marché d'exportation attractif pour les contrefacteurs de produits de luxe.

Ces déficits ont, d'une part, trait à la faiblesse des sanctions pénales prononcées. Le montant des amendes prononcées à l'encontre des contrefacteurs est peu dissuasif. Il varie entre 3 et 5 millions de yens, soit environ entre 25 000 et 43 235 euros. Pour obtenir réparation de son préjudice, la victime devra intenter une action pénale. Là encore, bien que le montant des dommages-intérêts tende à augmenter ces dernières années (ex : 75 millions d'euros, montant record jamais prononcé et atteint en 2002 dans l'affaire *Pachinko Slot*), ces sommes sont encore trop faibles par rapport aux profits tirés de la contrefaçon. En effet, celle des produits de luxe permet, en raison des marges importantes pratiquées dans ce secteur, de réaliser des gains substantiels, sans commune mesure avec les amendes encourues. Par ailleurs, aujourd'hui, son caractère de véritable industrie disposant de moyens financiers importants la rend particulièrement insensible à ces sanctions économiques. Enfin, il convient de remarquer qu'il n'existe pas, en droit civil japonais, de dommages-intérêts punitifs tels qu'aux Etats-Unis.

Si une amende et un emprisonnement de trois à cinq ans peuvent être prononcés, les autorités publiques n'ont, en revanche, pas la possibilité d'ordonner le retrait de la licence d'exploitation ou l'interdiction d'exercer. Mis à part les sanctions sus-mentionnées, aucun moyen n'est donc donné aux agents de bannir durablement le contrefacteur et ses alliés du circuit économique légal.

D'autre part, l'entreprise victime de contrefaçon peut se heurter à des obstacles de nature procédurale, en particulier lorsqu'elle choisit la voie civile. La procédure y est souvent longue et coûteuse[120], mais surtout fort aléatoire, les juges japonais usant généralement d'une interprétation restrictive de l'affaire qui leur est soumise. De plus, mis à part quelques rares exceptions, c'est, en principe, à la victime d'apporter la preuve de l'atteinte. Or, le droit japonais ne prévoit pas la possibilité d'une saisie-contrefaçon, ce qui rend la constitution de la preuve relativement délicate. Enfin, il convient de rappeler que l'entreprise, si elle ne veut pas perdre son droit d'agir, doit exercer sa demande en réparation du préjudice subi dans les trois ans de sa survenance. Là encore, cette disposition peut se retourner contre l'entreprise protégée dans la mesure où, les contrefacteurs opérant traditionnellement dans la clandestinité, la victime ne peut s'apercevoir de l'atteinte que très, voire trop tardivement.

Au pénal, la prescription de l'action est encore plus rapide. Le dépôt de plainte par la victime avec constitution de partie civile n'existant pas en droit pénal japonais, l'action est prescrite si, dans les six mois de sa commission, le procureur n'a pas lui-même poursuivi le contrefacteur.

Enfin, le dispositif légal destiné à enrayer la contrefaçon, n'est pas seul à souffrir d'imperfections et ce sont des pans entiers de l'encadrement de la distribution qui devraient être revus. Ainsi que vu précédemment, contrefaçon et vente parallèle de produits de luxe sont de plus en plus étroitement liés, allant jusqu'à se confondre complètement. Ces deux trafics sont souvent contrôlés par les mêmes personnes, emploient les mêmes canaux de commercialisation et dépendent des mêmes sources de financement. On ne peut, par conséquent, espérer enrayer un mal sans se préoccuper de l'autre. Or, en droit positif japonais le marché gris, c'est-à-

[120] Les frais d'avocats et autres frais de justice ne sont pas pris en charge par la partie défaite.

dire « *l'importation parallèle d'un produit authentique couvert par une marque* » ne constitue pas une atteinte au droit du titulaire du titre de propriété[121]. Cette jurisprudence de la Haute Cour d'Osaka a d'ailleurs été confirmée par la Commission japonaise pour le commerce équitable (*Japanese Fair Trade Commission*, JFTC) dans une directive qui condamne pour concurrence déloyale le maintien à un certain niveau du prix des produits faisant l'objet d'un contrat de distribution et vise particulièrement le cas des interventions auprès de distributeurs (étrangers ou nationaux) pour faire cesser les importations parallèles, leur saisie, le refus de les réparer, la pression exercée sur des publicitaires en vue de faire cesser la publicité en leur faveur.

Conjuguées aux difficultés rencontrées par les Etats concernés dans l'élaboration d'une protection efficace à l'échelle internationale des droits de la propriété intellectuelle, ces faiblesses se mutent immanquablement en obstacles majeurs au développement international des groupes de luxe.

SECTION B : LA NECESSAIRE INTERVENTION DES PARTENAIRES COMMERCIAUX A L'ECHELLE MONDIALE

La géographie de la contrefaçon des produits de luxe en Asie est certes spécialisée, mais aussi de plus en plus mouvante. Traditionnellement, si certains pays étaient en charge de la

---

[121] Etienne LAUMONIER, La propriété industrielle au Japon, Eudes des Missions Economiques, Tokyo, *Editions du CFCE*, juin 2002 ; jurisprudence constante de la Haute Cour d'Osaka : décisions *NNC. Co/Schulyro Trading Co* du 27 février 1970, *Asahi* en 1973, *Lacoste* en 1984.

production de l'objet, voire d'une de ses pièces uniquement, et d'autres de son assemblage, de son transport ou de sa commercialisation, aujourd'hui l'on observe que les ateliers de fabrication, les magasins de distribution se déplacent au gré des contrôles, des pressions ou de la conjoncture. Une coordination internationale dans la lutte contre ces trafics illégaux « *cannibalisant* » le marché officiel entre les pays dont les entreprises sont victimes de la contrefaçon (ex : France, Suisse, Italie, Etats-Unis) et le Japon est impérative. Bien qu'une démarche internationale se heurte encore à de nombreux obstacles (§ 1), elle reste aujourd'hui, à la vue des événements de ces dernières années, nécessaire et commence à se concrétiser dans une pluralité d'actions menées sur tous les fronts (§ 2).

§ 1 La difficile appréhension globale de la lutte contre la contrefaçon

Face à l'organisation et à la mondialisation du trafic de contrefaçons d'objets de luxe, la définition d'une véritable politique internationale de lutte est un objectif ancien, malheureusement difficile à atteindre de manière satisfaisante.

La plus importante institution internationale ayant pour objet la protection de la propriété intellectuelle est assurément l'OMPI. Créée en 1967, l'organisation compte aujourd'hui 179 Etats membres dont la France, l'Italie le Japon, la Chine, la Corée du Sud, l'Indonésie, le Cambodge, la Malaisie, l'Ile

Maurice, la Thaïlande et le Vietnam[122]. Rassemblant ainsi sous un même toit pays contrefacteurs et pays victimes de la contrefaçon, elle s'est dotée « *d'un programme de travail riche et varié qui vise :*

- *à l'harmonisation des législations et procédures nationales en matière de propriété intellectuelle (ex : Arrangement de Madrid sur l'enregistrement international des marques) ;*
- *à la prestation de services relatifs aux demandes internationales de titres de propriété industrielle ;*
- *à l'échange d'informations en matière de propriété intellectuelle ;*
- *à la fourniture d'une assistance juridique et technique aux pays en développement et à d'autres pays ;*
- *au règlement de litiges de propriété intellectuelle d'ordre privé ;*
- *au recours à l'informatique pour stocker l'information utile en matière de propriété intellectuelle, y avoir accès et l'exploiter.* »[123]

Toutefois, si l'OMPI a certes largement contribué à la promotion de la protection de la propriété intellectuelle et à la coopération entre les membres, notamment avec les pays en

---

[122] Convention de Stockholm du 14 juillet 1967 instituant l'Organisation Mondiale de la Propriété Intellectuelle.

[123] http://www.wipo.org.

voie de développement, elle souffre d'un handicap majeur : son caractère « *pacifique* »[124]. Pour faire respecter les principes et les solutions qu'elle édicte, elle ne dispose d'aucun moyen de contrainte ou de sanction à l'égard des pays membres contrevenants. Or, la bonne volonté de certains pays d'Asie, notoirement connus pour leur activité de contrefacteur, laisse encore bien à désirer.

En raison de ces déficits, il convient d'envisager une coordination entre l'OMPI et l'OMC. Celle-ci existe depuis le 1er janvier 1996, date à laquelle est entré en vigueur un accord entre les deux organisations qui prévoit des activités de coopération concernant la mise en œuvre d'un Accord sur les Aspects des Droits de Propriété Intellectuelle qui touchent au Commerce (ADPIC), en vigueur depuis le 1er janvier 1995. Cette action commune prend, par exemple, la forme de notification des lois et règlements, d'une assistance juridique et technique ou d'un traitement préférentiel ou d'un soutien des pays en voie de développement pour les aider à remplir les obligations découlant de l'Accord sur les ADPIC d'ici 2006.

L'industrie du luxe et ses représentants[125] placent beaucoup d'espoir dans les actions de l'OMC, qu'ils jugent, toutefois, ne pas être encore à la mesure de ses possibilités. Pour de nombreux pays candidats, l'accès à l'OMC présuppose, en effet, qu'ils adoptent une position de lutte proactive contre la contrefaçon sur leur territoire. C'est aussi au sein de l'OMC que l'Union Européenne doit intervenir dans la lutte

---

[124] Henri-Michel REYNAUD, La lutte contre la contrefaçon des produits de luxe, Mémoire FACO, 1992.

[125] Entretien avec Alain TEITELBAUM, ancien Directeur Général du Comité Colbert, « L'industrie du luxe face à la contrefaçon », *ENA Mensuel*, n° 288, 1999.

mondiale contre ce trafic. Dans la mesure où la majorité des industries de la planète, menacées par la contrefaçon sont des Etats membres de l'Union Européenne[126] et que nombreux d'entre eux ont assis partie de leur force d'exportation sur le secteur luxe, il est de son devoir de défendre une position forte face aux pays tolérant la contrefaçon pour ne pas laisser l'initiative de la lutte aux seuls Etats-Unis.

Cependant les détracteurs de cette volonté internationale invoquent, là encore, le fait que le poids des économies souffrant véritablement de la contrefaçon serait trop faible par rapport à celui des pays qui en tirent aujourd'hui un profit[127]. En effet, pour peu de pays autres que la France, l'industrie du luxe représente un tel atout commercial. Une volonté politique forte a, par conséquent, beaucoup de mal à se former au sein de la communauté internationale.

§ 2 L'émergence d'une nouvelle coordination des initiatives comme le premier jalon de la lutte à l'échelle mondiale

Depuis quelques années et plus particulièrement depuis le 11 septembre 2001, on observe un regain d'activité des organismes publics internationaux, justifié par les liens de plus en plus clairs entre le trafic de contrefaçons et le crime organisé. Un certain nombre d'initiatives, se concrétisant souvent dans des partenariats inter-étatiques, ont été conduites par des acteurs de la scène internationale dans

---

[126] France, Italie, Espagne, Grande-Bretagne, Allemagne.

[127] Aurélie TASSONNEAU, La contrefaçon : un fléau pour l'industrie du luxe, Sup de Co Rennes, juillet 2001.

l'espoir d'opposer à terme une résistance efficace à la criminalité.

1. Interpol, nouvel espace mondial d'échanges et d'action

Ainsi, lors de la première Conférence Internationale sur les Droits de la Propriété Intellectuelle tenue à Lyon au secrétariat général d'Interpol en novembre 2001, les participants sont convenus de la formation d'un groupe d'action au sein d'Interpol, spécialisé dans la protection des droits de la propriété intellectuelle (*Interpol Intellectual Property Crime Action Group*, IIPCAG).

Ce dernier se veut un forum international, réunissant des représentants politiques, des forces de l'ordre national, du monde industriel et économique, des associations et lobbies de défense des intérêts des entreprises, de l'OMC, de l'OMD, de la Commission Européenne[128]. Des rencontres, organisées tous les six mois, permettent aux participants d'échanger sur les stratégies de lutte et de veille anti-contrefaçon, de recouper leurs bases de données respectives, mais aussi de constituer un certain nombre de cellules-relais à travers le monde et de développer une campagne de sensibilisation du public.

[128] http://www.interpol.int.

2. L'OMD, une coordination internationale pour une plus grande efficacité

Organisme intergouvernemental indépendant dont la mission est d'améliorer l'efficacité des administrations de douanes à l'échelle mondiale, l'Organisation Mondiale des Douanes (OMD) s'est résolument prononcée le 27 janvier 2003 lors du Forum Economique Mondial de Davos en faveur d'une lutte accrue contre la contrefaçon. Dans son discours, tenu au cours de l'Atelier anti-contrefaçon[129], Monsieur Kunio Mikuriva, Secrétaire général adjoint de l'OMD, a fait part de son inquiétude quant à l'ampleur du trafic des marchandises contrefaites et au fait que ce commerce illicite est contrôlé par des organisations criminelles, organisées et utilisées pour financer des activités terroristes.

En réaction, l'OMD a présenté deux types d'actions. D'une part, il s'est fixé comme objectif d'améliorer la coopération avec les autres agences responsables, telles Interpol, le Bureau des Nations Unies du contrôle des drogues et de la prévention du crime, l'OMC et l'OMPI. Pour compléter sa mission de contrôle aux frontières, l'OMD apporte, par exemple, son soutien inconditionnel à la nouvelle initiative d'Interpol visant à remonter et à identifier les filières du crime organisé.

D'autre part, l'OMD veut, aujourd'hui, compléter cette coopération avec les divers organismes publics par un partenariat étroit avec le secteur privé pour assurer, notamment, la sécurité et la facilitation de la chaîne logistique internationale. Ce champ d'activité nouveau exige des douanes d'établir des partenariats stratégiques avec les

---

[129] http://www.wcoomd.org.

transporteurs, le commerce, les grandes entreprises manufacturières internationales et les opérateurs logistiques. Cette appréhension globale des risques entourant les envois internationaux du point d'origine de l'exportation au lieu d'importation permettra sans nul doute « *une meilleure compréhension des tendances qui se dessinent en matière de contrefaçon* ». En effet, ainsi que vu précédemment, le trafic des contrefaçons emprunte des circuits complexes, impliquant plusieurs Etats, de nombreux acteurs et largement déterminés par les flux commerciaux traditionnels. Or, pour mener à bout une action d'une telle ampleur, « *le concours plein et entier des entreprises légitimes et des détenteurs de droits de propriété intellectuelle pour utiliser au mieux les informations [rassemblées]* » est impératif.

CHAPITRE 2 : L'ENTREPRISE PRESENTE A L'ETRANGER, SA LUTTE AU QUOTIDIEN CONTRE LES CONTREFACTEURS LOCAUX

S'il est certes toujours indiqué d'agir au plus tôt en justice contre les contrefacteurs, les entreprises étrangères implantées sur le marché japonais ont dû reconnaître que la voie judiciaire ne suffisait pas à enrayer le trafic de la contrefaçon des produits de luxe. Certaines finissent par rechercher avec les contrefacteurs un règlement amiable au moyen de médiations et de transactions[130], alors que d'autres ont mis en place, avec l'aide de conseils extérieurs, un dispositif de veille et de protection interne de leur patrimoine immatériel (Section A). Toutefois, si des solutions et procédures techniques peuvent contrer l'activité des contrefacteurs, une politique de communication tenant compte des particularités de la clientèle japonaise est devenue tout aussi essentielle et réclame une véritable coopération entre les entreprises victimes dans la défense de leurs intérêts (Section B).

SECTION A : UN EVENTAIL DE PROTECTION LARGE POUR DEFIER LES CONTREFACTEURS

Depuis plusieurs années, une équipe interne dédiée est en charge de la protection de la marque Louis Vuitton (§ 1). L'action de cette cellule est aujourd'hui complétée par une

---

[130] Le groupe LVMH rejette toute solution sur la base de transaction et médiation. Frédéric BEGHIN, « Comment les marques se protègent », *Capital*, mai 1999.

dimension nouvelle de la lutte anti-contrefaçon, à savoir la politique de sensibilisation de la clientèle japonaise (§ 2).

§ 1 Une stratégie de protection, condition d'une implantation réussie au Japon

Fabricant exclusivement en France, c'est à partir d'ici que le groupe LVMH conduit sa politique anti-contrefaçon de ses articles. Aujourd'hui, la garantie de son activité prend des formes diverses et peut servir d'exemple aux autres maisons de luxe implantées au Japon. De manière générale, la lutte contre le faux revêt une nature double puisqu'elle se fait par la technologie comme par le contrôle de la chaîne logistique.

1. Les solutions technologiques, des mouchards dans les produits de luxe

Pour le management de Louis Vuitton, la composante protection doit être le plus tôt et le plus rapidement possible intégrée en amont de la chaîne de production. Dès la conception d'un nouvel article, il convient de se servir d'éléments et de caractères distinctifs (ex : toile, cuirs atypiques) qui pourront eux-mêmes faire l'objet d'une protection. Le produit doit pouvoir être protégé sans logo, comme c'est déjà le cas pour le cuir « *Epi* ». Toutefois, une telle démarche planifiée se heurte souvent à la liberté de création qui, elle, ne connaît et ne veut connaître aucune directive de travail.

La maîtrise de l'outil technologique permet, par ailleurs, à l'aide de codes parfois gravés dans la matière même, de marquages optiques (ex : les hologrammes), chimiques (ex : les encres indélébiles photosensibles ou thermosensibles) ou au laser, de garantir la traçabilité du produit. Selon les spécialistes, une technologie assure une bonne protection, lorsque :

- son utilisateur en a l'exclusivité ;
- elle est inséparable de l'article concerné, c'est-à-dire sans que ce dernier ne soit définitivement détérioré ;
- elle ne change en rien l'aspect du produit et la satisfaction que le consommateur peut en avoir ;
- son rapport efficacité/coût reste raisonnable.

Par son biais, on peut immédiatement identifier si l'article suspecté est ou non un original et s'il a ou non suivi le circuit de distribution officiel ce qui contribue à la lutte contre le faux et les marchés parallèles. Par ailleurs, un conditionnement particulier des produits doit être utilisé. Des emballages sophistiqués et difficiles à réutiliser peuvent s'avérer aussi d'une protection utile[131]. Toutefois, ces techniques ne sont pas infaillibles et les trafiquants mettent en règle générale de six mois à trois ans pour trouver une parade.

2. Une action coordonnée et un suivi interne permanent des objets de luxe

La mise en place d'un dispositif de protection doit s'accompagner d'une rigoureuse sécurité interne, visant l'amélioration permanente de ses performances, mais aussi la sensibilisation du personnel et le contrôle de l'ensemble du circuit de production, en France comme à l'étranger.

La première étape consiste à mettre en place en interne une cellule dédiée à cette problématique[132]. Il conviendra de choisir si elle devra être traitée par le service juridique comme une activité annexe ou par un service spécifique, pour l'ensemble du groupe, par filiale ou par secteur d'activité. Chez Louis Vuitton[133], une équipe de vingt-cinq personnes exclusivement en charge de la lutte anti-contrefaçon a été

---

[131] Pour plus d'informations sur la protection par la technologie voir OCDE, Les Incidences économiques de la contrefaçon, Rapport OCDE, Paris 1998, http://www.oecd.org ; ORGALIME, Combattre la contrefaçon, un guide pratique à l'usage des sociétés industrielles européennes, Guide Orgalime octobre 2001 ; ICC Commercial Crime Service, « New Guide to help businesses fight fakes », 9 mars 2001, http://www.iccwbo.org ; Estelle SAGET, « Attention, il y a un mouchard dans vos produits de luxe », *L'Expansion*, n° 575, du 11 au 24 juin 1998 ; Chantal LE ROUX, « Domino ou la technologie laser au service du champagne », *CEM*, n° 630, mai 1999.

[132] Annexe 22.

[133] Entretien avec Bertrand STALLA-BOURDILLON, Directeur Général Adjoint de LVMH Fashion Group, Paris, 22 janvier 2003 ; Adrien FALCON, « Les grandes marques ajustent leur riposte », *La Tribune*, 19 juillet 2002.

constituée. Son budget annuel de 9 millions d'euros est réparti entre mesures classiques de protection (10% du budget est destiné à l'enregistrement des marques et modèles et au contentieux qui pourrait en résulter) et actions conduites sur le terrain, de nature plus agressive.

Suite au contrôle des circuits de distribution et des usines de fabrication, en France comme au Japon, l'organisation de raids[134] chez les intervenants suspects de la « *supply chain* » peut être décidée. L'information nécessaire à cette fin est généralement obtenue par le biais de cabinets d'enquête[135] et de détectives privés. Leurs services pouvant rapidement atteindre des coûts élevés, en raison de l'importance du périmètre à surveiller – la contrefaçon asiatique bénéficie largement des vastes espaces difficilement contrôlables de la région –, les maisons de luxe collectent de plus en plus l'information par le biais de leur propre réseau d'enquêteurs.

Il est, en effet, essentiel pour les maisons de luxe de connaître parfaitement l'environnement étranger dans lequel elles évoluent ou projettent de s'implanter, en y étant, le plus régulièrement possible, présentes physiquement avec des collaborateurs parlant la langue du pays et connaissant sa culture. D'ailleurs, l'existence de contrefaçons est fréquemment signalée à la direction par les commerciaux et les clients locaux. Assister à des saisies, se doter de bases de données recensant au plan mondial l'ensemble des cas de contrefaçon dont l'entreprise a été victime, leurs acteurs, leur nature, mais aussi les enregistrements dans tous les pays de

---

[134] Organiser un raid qui coûte entre 10 000 et 15 000 dollars en moyenne.

[135] Cabinets Pinkerton, Cairn Executive, Kroll, Fact Finders ; voir pour le décryptage d'une opération de raid dans un atelier clandestin chinois Frédéric BEGHIN, « Chine : 72 heures avec les brigades antifaussaires », *Capital*, mai 1999.

modèles, brevets et marques sont autant de moyens indispensables à une protection efficace.

§ 2 Une riposte marketing et communication ajustée des grandes marques de luxe au Japon

Si le déploiement en interne d'un dispositif juridique et d'un processus de veille est une solution à laquelle la majorité les acteurs dans le secteur du luxe ont largement recours, le traitement du fléau de la contrefaçon en termes de marketing et de communication est, quant à lui, profondément révolutionnaire, dans la mesure où, jusqu'à présent, les grandes maisons de luxe restaient volontairement discrètes sur ce sujet[136]. Pourtant, la pratique montre que, pour venir durablement à bout du trafic de faux, une action conjointe des différents métiers de l'entreprise est une condition *sine qua non*.

Face au fléau de la contrefaçon, Louis Vuitton a décidé de changer drastiquement sa stratégie de communication. Il y a peu d'années encore, la maison n'était guère prête à communiquer sur le sujet. Aujourd'hui, elle a fait le choix inverse. Ainsi, des notes internes ont, par exemple, été distribuées à l'ensemble des directeurs de magasins et responsables de pays, leur expliquant comment réagir, que répondre aux questions de la clientèle.

La maison a fait le choix de communiquer certes, mais uniquement de manière positive. Ainsi, depuis un an sont

---

[136] Entretien avec Philippe MASSET, alors Directeur Général de Rolex France, Propos recueillis par F.G., « Non à la contrefaçon », *Les tables rondes du Bijoutier, Le Bijoutier*, n° 699, mars 2002.

diffusées des campagnes publicitaires au Japon de lutte anti-contrefaçon expliquant que Louis Vuitton est victime de contrefacteurs en raison de sa position de leader. Le message transmis est construit autour de trois axes majeurs :

- Pour Louis Vuitton la contrefaçon est la rançon de son succès. Les sacs Keepall, Noé ou Alma sont des best-sellers de la marque, largement contrefaits... Voir une marque encore relativement jeune telle que Céline aujourd'hui contrefaite signifie qu'elle correspond au goût de la clientèle visée et a atteint un degré de désirabilité élevé.
- Louis Vuitton, personne morale, met tous les moyens en œuvre pour se défendre contre ce trafic et a pris une position très claire sur le sujet. Aucun client ne peut se dire trompé, abusé par la maison, dans la mesure où il ne peut acheter de vrais articles Louis Vuitton que dans les propres boutiques de la marque. A partir du moment, où le client voit des produits estampillés « Louis Vuitton », mais disposés au milieu d'objets d'autres marques, il peut être sûr qu'il s'agit de contrefaçons ou, du moins, d'articles issus du circuit parallèle.
- Louis Vuitton a constitué une cellule interne exclusivement en charge du problème de la contrefaçon. Une équipe de vingt-cinq personnes se voit à cette fin allouer un budget

global de 9 millions d'euros répartis entre les actions de protection et de répression[137].

Concernant plus directement le marketing et l'innovation produit, le développement d'artices personnalisés peut lui aussi enrayer dans une certaine mesure les trafics illégaux. Grâce à la peinture ou au marquage réalisé exclusivement dans les boutiques Louis Vuitton, les accessoires de maroquinerie et de bagagerie deviennent alors pour le client des pièces uniques. Par ailleurs, certains objets peuvent être créés sur mesure à la demande du client (ex : des bagages aux dimensions spéciales). Une telle personnification artisanale ne peut être offerte par les contrefaçons. Ce service est propre à rencontrer un vif succès sur l'archipel nippon, dont la population est décrite comme friande de nouveauté et d'exclusivité.

SECTION B : L'UNION, LA FORCE DES MAISONS DE LUXE AU JAPON

Les stratégies mises en œuvre pour lutter contre la contrefaçon sont nombreuses et variées et l'on peut affirmer que chaque maison de luxe présente en Asie a vécu une expérience spécifique, en raison du type de produit commercialisé, mais aussi de la culture de l'entreprise et de la façon dont elle appréhende habituellement la contrefaçon. Une telle diversité rend donc tout effort de synthèse ardu, mais il est cependant possible de développer certains aspects

[137] Entretien avec Bertrand STALLA-BOURDILLON, Directeur Général Adjoint de LVMH Fashion Group, Paris, 22 janvier 2003.

généraux sur la contrefaçon telle que ressentie par les différents intervenants[138], afin de susciter une véritable prise de conscience tant au plus haut (§ 1) qu'au plus bas (§ 2) de la pyramide décisionnelle.

§ 1 Une action efficace sur le terrain des lobbies, auprès des autorités comme des consommateurs locaux

Si Louis Vuitton a déployé un dispositif interne anti-contrefaçon relativement important, la marque peut de plus compter sur l'appui des lobbies et des pouvoirs publics. La coopération entre ces derniers et les autorités françaises s'est vue d'autant plus renforcée, que les pouvoirs publics ont pris conscience de la taille de l'enjeu. En effet, il ne s'agit pas seulement de défendre Louis Vuitton en tant que tel, mais aussi de défendre la France, son rayonnement culturel et économique à l'étranger. En Asie, y compris en Chine, le lobbying commence à porter ses fruits, bien qu'il faille tenir compte des spécificités de la mentalité des interlocuteurs rencontrés[139].

Mis à part les associations professionnelles de lutte contre la contrefaçon, de nombreux lobbies se sont chargés de la promotion de la tradition, de l'art de vivre et du savoir-faire

---

[138] Pour une étude complète voir Ingrid CORVIOLE, Le luxe a-t-il besoin d'un lobbying ?, Institut Supérieur de Marketing du Luxe créé par Cartier, 1994.

[139] Entretien avec Bertrand STALLA-BOURDILLON, Directeur Général Adjoint de LVMH Fashion Group, Paris, 22 janvier 2003 ; Pour une étude complète voir Jacques-Olivier PONCE, Le lobbying au Japon, Comment organiser son réseau d'influence, Ambassade de France, Service Economique et Commercial, Tokyo, juillet 1993.

français à l'étranger. L'Union des Fabricants[140], premier organisme fédérateur d'industriels pour la défense de leurs marques, y est présente depuis 1980 où elle a ouvert à Tokyo, à l'instigation des maisons Louis Vuitton et Chanel, un Bureau pour la protection Internationale de la Propriété Industrielle et Artistique. Son rôle est d'assurer la liaison entre les entreprises françaises et les autorités japonaises. Comptant aujourd'hui plus de neuf cent membres à Paris et plus de trente-cinq au Japon, l'Union des Fabricants peut se féliciter de nombreux succès. En effet, une confiance réciproque s'est établie entre elle et les pouvoirs publics de l'archipel. Partenaire privilégié avec le Comité Colbert des autorités japonaises, son action se décompose en deux volets : la mobilisation des pouvoirs publics et la sensibilisation de l'opinion.

L'objectif poursuivi à terme est une transformation profonde des mentalités en faveur d'un refus généralisé de la contrefaçon. Les moyens mis en œuvre pour l'atteindre par les différents groupes de défense des intérêts sont variés. En plus des lettres d'avertissement et des procès menés contre les contrefacteurs et leurs complices, on dénombre pèle-mêle des expositions à travers les différents Etats de la région du Nord-Est asiatique (ex : au *Convention et Exhibition Center* de Séoul le 04 décembre 2002), l'organisation de campagnes médiatiques (ex : par voie de presse ou d'affiches) ou de manifestations (ex : le gala organisé par LVMH dans la Cité

---

[140] http://www.unifab.com ; http://www.comite-colbert.com ; Elisabeth PONSOLE DES PORTES, « Les industriels face à la contrefaçon », *ENA Mensuel*, n° 288, 1999 ; Entretien avec Olivier MELLERIO, Propos recueillis par Isabelle MUSNIK, « Aider les marques françaises à se développer à l'étranger », *CB News Spécial Luxe*, n° 728, 16 au 22 décembre 2002 ; Anonyme, « Article : L'Union des Fabricants au Japon, une réussite nippo-française », *Info Japan Cabinet OTA & Associés*, décembre 1997.

Interdite réunissant quatre cent personnes, dont les dirigeants des AIC et du *Trade Mark Office*).

§ 2 Une impérative solidarité nationale autour des groupes de luxe présents au Japon

Si la promotion de l'industrie française du luxe passe par une action coordonnée des lobbies professionnels auprès des pouvoirs publics et de la clientèle japonaise, sa pleine efficacité suppose une prise de conscience universelle du danger que représente la contrefaçon pour l'économie. La sensibilisation des intervenants étrangers est, en effet, conditionnée par l'attitude adoptée par les acteurs nationaux vis-à-vis de ce fléau.

En effet, trop de touristes européens, et en particulier français, profitent encore de l'occasion d'un séjour en Asie pour ramener dans leurs valises des produits de luxe contrefaits. Sans aucun remord, certains n'hésitent pas à présenter le faux sacs Kelly de Hermès ou la vulgaire copie d'une montre Rolex comme un souvenir de leur voyage. Or, un tel comportement décrédibilise le combat mené au Japon par les lobbies français contre le trafic des contrefaçons. Pour être le plus convaincant possible et développer une force de frappe véritable, les groupes de défense des intérêts de l'industrie du luxe français doivent engager des campagnes massives (ex : dans les aéroports, sur les sites touristiques et les marchés locaux) s'adressant au touriste européen de passage au Japon, et plus largement dans l'ensemble de la zone à risques, en l'exhortant à renoncer à l'achat de contrefaçons. Par son refus affiché du faux, le touriste français servirait de modèle à la population locale.

CONCLUSION

L'industrie du luxe est un secteur vulnérable. Véhiculant tradition, savoir-faire et art de vivre nationaux, elle est particulièrement fragilisée à l'étranger. Par conséquent, son développement international doit apprendre à gérer des risques propres et notamment celui de la contrefaçon de ses produits. Ce fléau constitue une menace grave pour les maisons de luxe dans la mesure où il est attentatoire aux biens les plus précieux de leur patrimoine : leur marque et l'image qu'elles ont souhaitée lui donner.

Si le Japon est depuis longtemps un marché clef d'exportation, la combinaison de différents facteurs internes et externes à l'archipel, lance de nouveaux défis au management de l'objet de luxe dans la lutte contre la contrefaçon. La conjoncture économique plus que morose et la lente mutation du comportement d'achat des Japonais expliquent en partie la montée actuelle du risque de contrefaçon dans le secteur du luxe. Dès lors qu'elles sont combinées à des menaces provenant de l'extérieur des frontières japonaises, un terreau favorable à la recrudescence du trafic de faux est créé.

En Asie, la lutte anti-contrefaçon est exceptionnellement ardue en raison de la disparité économique, juridique et culturelle des situations rencontrées. Elle relève de la responsabilité du management de l'entreprise victime ou menacée qui ne doit rester, à aucun moment, inactive, mais au contraire développer une stratégie réactive, voire même proactive. L'application simultanée d'une solution unique, calquée sur le modèle occidental, en Chine, en Corée du Sud et au Japon s'avère, par conséquent, impraticable et cela d'autant plus que l'on exige aujourd'hui de ces pays de résorber des problèmes qui, en Europe, ont nécessité des décennies avant de pouvoir être résolus. Si la demande d'un cadre législatif et réglementaire adapté devient de plus en plus pressente, celui-ci ne pourra être pleinement efficace qu'avec un véritable effort de formation et de coopération des partenaires locaux en vue d'une fédération des moyens à tous les niveaux : national, régional et mondial. Dans son rapport général, présenté lors d'un colloque régional consacré aux questions de propriété intellectuelle en Asie[141], le Professeur Jean-Christophe Galloux de l'Université Panthéon-Assas a nommé « *quatre ingrédients importants pour confirmer, pour supporter ce développement et faire en sorte qu'il s'achève vers plus d'efficacité : une bonne compréhension de la propriété intellectuelle, une volonté politique unanime, sincère et constante, des moyens humains et matériels et enfin un état d'esprit à intégrer* ».

La réunion de ces éléments est d'autant plus urgente que la contrefaçon ne se limite pas à celle des produits de luxe. Aujourd'hui, elle représente une menace inquiétante pour l'ensemble des industries et les dommages qu'elle occasionne, dépassent de beaucoup les simples pertes de chiffre d'affaires des entreprises victimes. Il s'agit désormais de protéger la santé et la sécurité des populations, le crime

---

[141] « Quel Avenir pour la propriété intellectuelle en Asie ? », Colloque régional du 13 au 15 mai 2002, La Maison du Droit Vietnamo-Française et l'Institut Nationale de la Propriété Intellectuelle, Hanoi, Vietnam.

organisé et le terrorisme étant de plus en plus fréquemment mêlés au trafic des faux.

ANNEXES

ANNEXE 1

Tableau comparatif du chiffre d'affaires des principales marques de luxe au Japon en milliards de yens

Chiffre d'affaires des principales marques de luxe au Japon en milliards de yens*			
Rang en 1997	**Marques**	**1996**	**1997**
1	Louis Vuitton	59	70,4
2	Hermès	23,6	28,3
3	Chanel	31,4	28,3
3	Gucci	20	23
4	DKNY	23,3	21,5
5	Prada	16,8	19,5
6	Ferragamo	16,1	17
7	Max Mara	14,6	17
8	Dunhill	13,5	13,7
9	Céline	13	11
	Total	**431,1**	**449,5**

***vêtements et accessoires**

Source : Yano KEIZAI, « Depuis que l'Asie pleure, l'Europe rit », CB News Spécial Luxe, n° 551, 21 au 27 décembre 1998, p. 22.

ANNEXE 2

Les différences de prix des articles de luxe dans le monde (base 100)

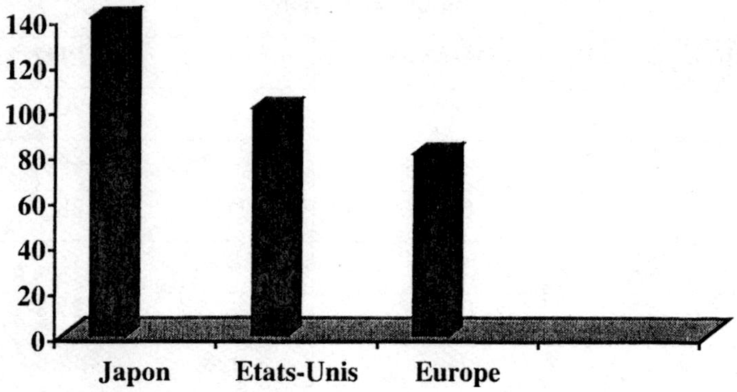

Source : Yano Research Institute Ltd, 2002.

ANNEXE 3

Les importations d'articles de luxe au Japon entre 1997 et 2000

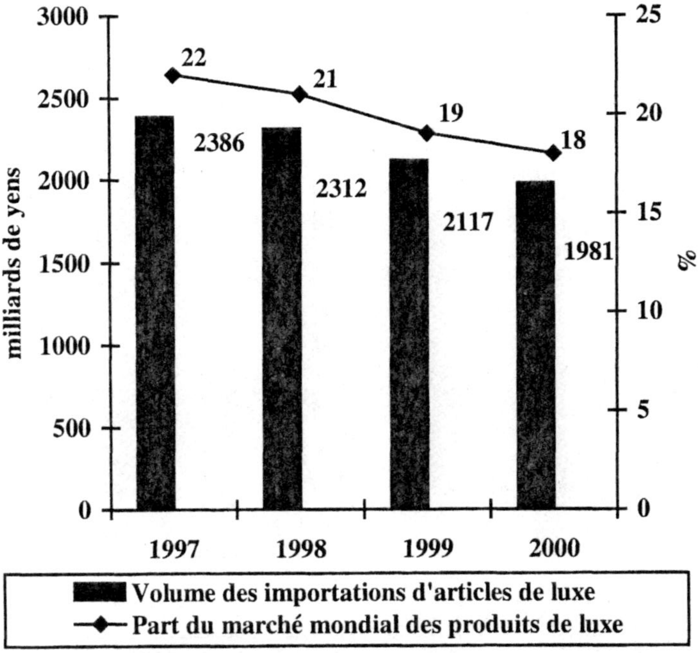

Source : Yano Research Institute Ltd, 2002.

ANNEXE 4

Croissances comparées du marché du luxe et du PIB au Japon

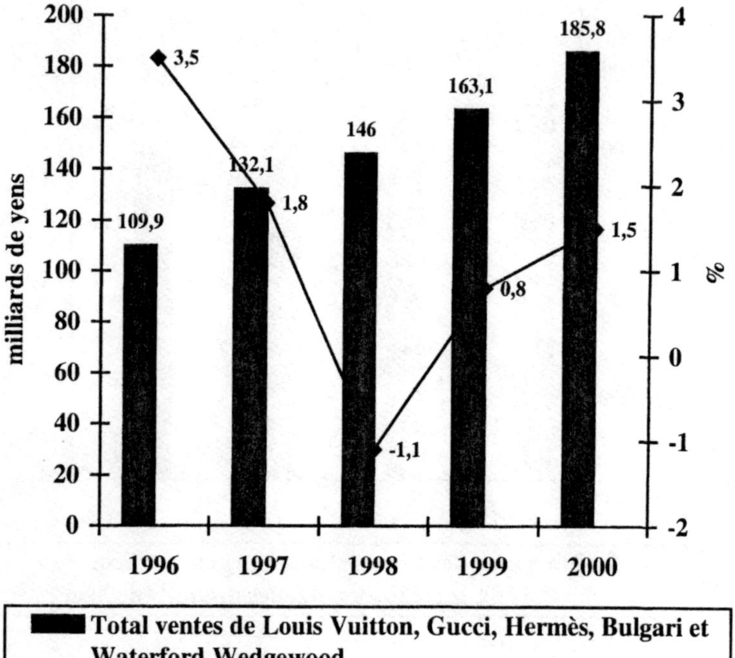

Source : Morgan Stanley Research, 2002.

ANNEXE 5

Les ventes des principales marques de luxe au Japon en 2000

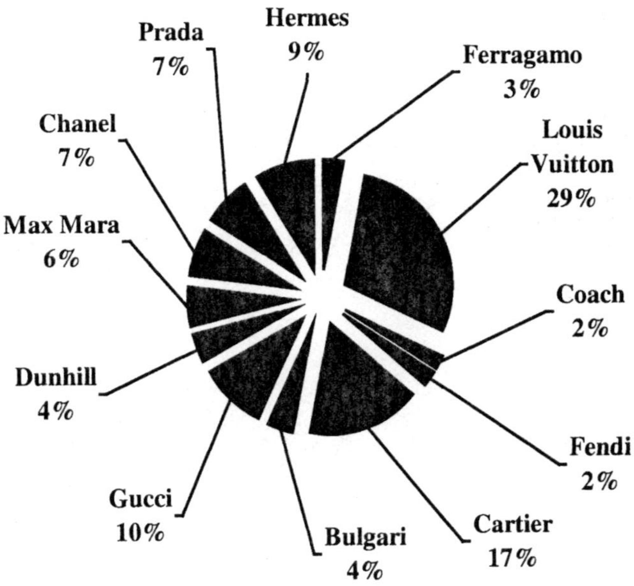

Source : Yano Research Institute Ltd, 2002.

ANNEXE 6

Importance du marché japonais dans le chiffre d'affaires

Importance du marché japonais dans le chiffre d'affaires		
	Louis Vuitton	**Cartier**
Part du chiffre d'affaires correspondant aux ventes sur le territoire japonais	35%	20%
Part du chiffre d'affaires correspondant aux achats des Japonais dans le monde	60 à 80%	40 à 50%

Source : Edmond BOUSSEMART, Le secteur du luxe au Japon, Mastère HEC, décembre 2000, p. 3.

ANNEXE 7

Prévisions par les entreprises concernées de l'évolution de la violation des droits de la propriété intellectuelle sur 2001 – 2005

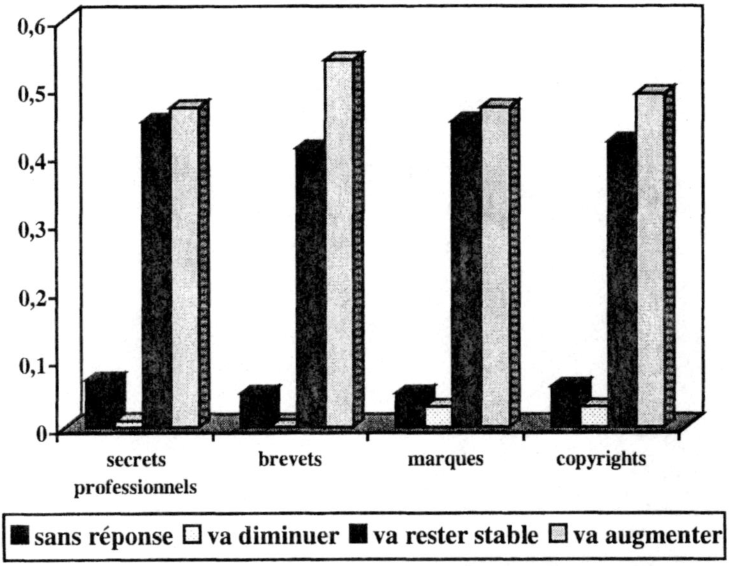

Source : KROLL, Catch them if you can, The Kroll Survey Report on Corporate Response to IP Abuse, 2002.

ANNEXE 8

Approvisionnement d'un circuit de ventes parallèles par des « *fourmis* »

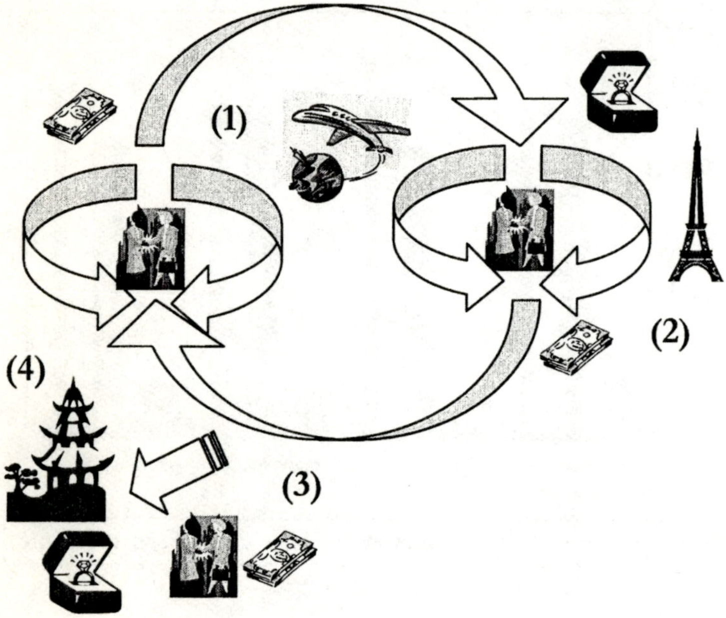

Source : Jean de MAILLARD, Pierre-Xavier GREZAUD, Un monde sans loi, La criminalité financière en image, Editions Stock, Paris, 2000, p. 89.

(1) le trafiquant japonais remet aux fourmis de l'argent (à blanchir) et des billets d'avion pour Paris.

(2) Une fois à Paris les fourmis achètent avec l'argent reçu des produits de luxe : parfums, bijoux, accessoires de maroquinerie.

(3) De retour au Japon, en échange d'une commission, les fourmis remettent au trafiquant leurs achats.

(4) Les articles sont revendus au Japon dans des discounters et autres boutiques appartenant aux trafiquants et non agréées par les maisons de luxe.

ANNEXE 9

Décryptage d'un trafic de fausses bagues Trinity de Cartier

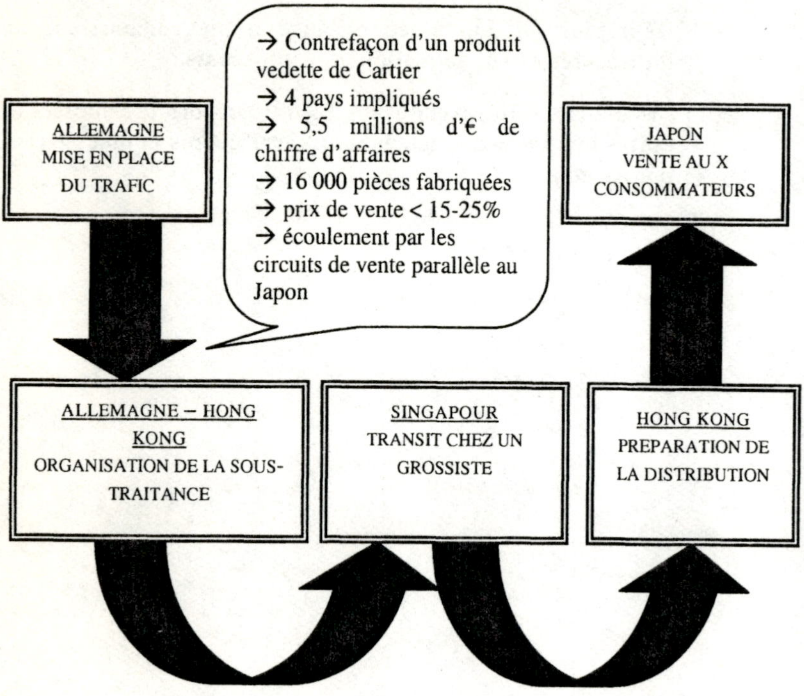

Source : Loïc GRASSET, Capital, mai 1999, p. 72-73.

ANNEXE 10

Estimation par les entreprises concernées des pertes financières causées par l'atteinte à leurs marques au cours de l'année 2001

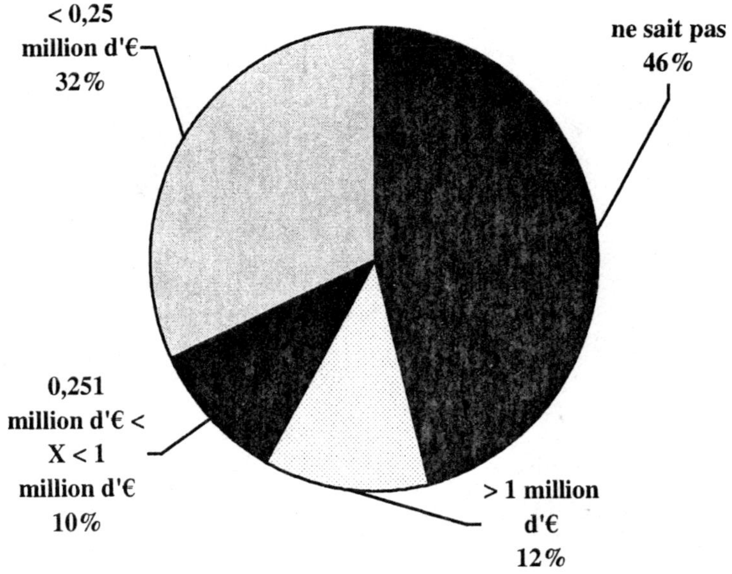

Source : KROLL, Catch them if you can, The Kroll Survey Report on Corporate Response to IP Abuse, 2002.

ANNEXE 11

Comparaison entre les flux mondiaux issus du trafic de contrefaçon et du trafic de drogue

Trafic de contrefaçons dans le monde

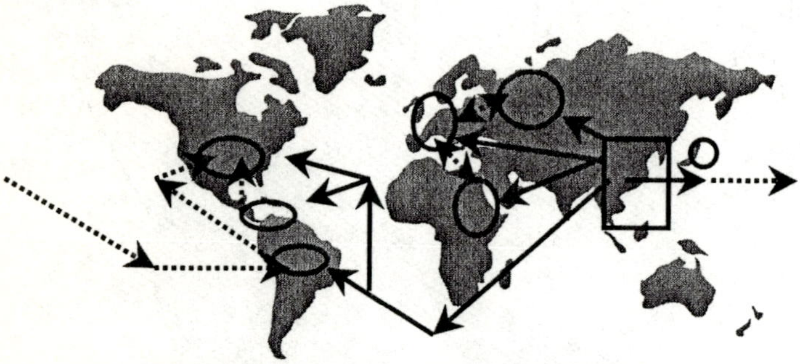

→ **Flux directs**	□ **Marchés de production**
⋯→ **Flux indirects**	○ **Marchés de distribution**

Source : Commission Européenne, DGTAXUD 1999.

Trafic de stupéfiants dans le monde

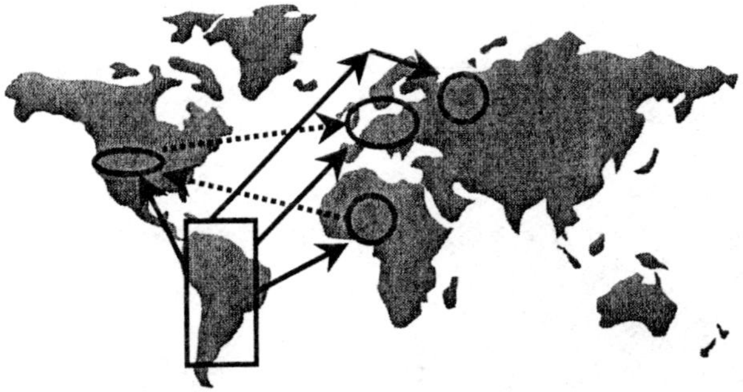

→ **Flux directs** ▭ **Marchés de production**
⋯➤ **Flux indirects** ○ **Marchés de distribution**

Source : Commission Européenne, DGTAXUD, 1999.

ANNEXE 12

Cartographie de la spécialisation des pays asiatiques contrefacteurs

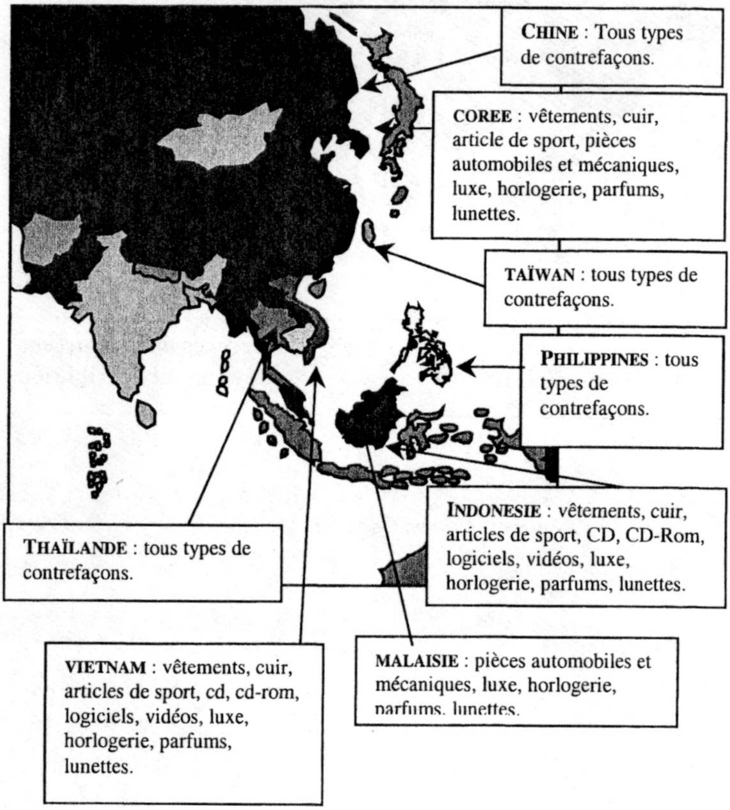

Source : Loïc GRASSET, « Produit par produit, l'atlas mondial de la piraterie », Capital, mai 1999, p. 65.

ANNEXE 13

Procédure de suspension au Japon en nombre de pièces par pays ou région d'origine pour l'année 2001

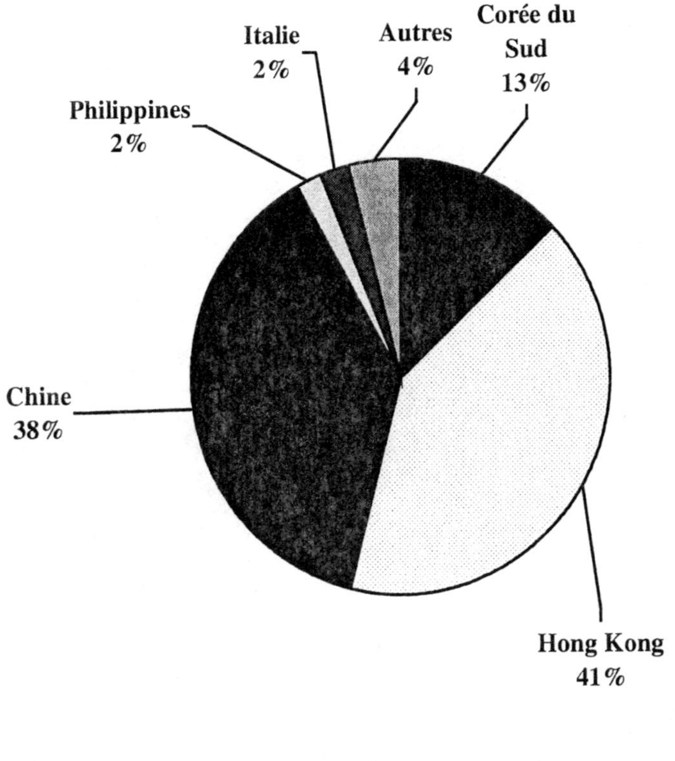

Source : Customs and Tariff Bureau, Ministère des finances japonais, 2001.

Procédure de suspension au Japon en nombre de cas par pays ou région d'origine pour l'année 2001

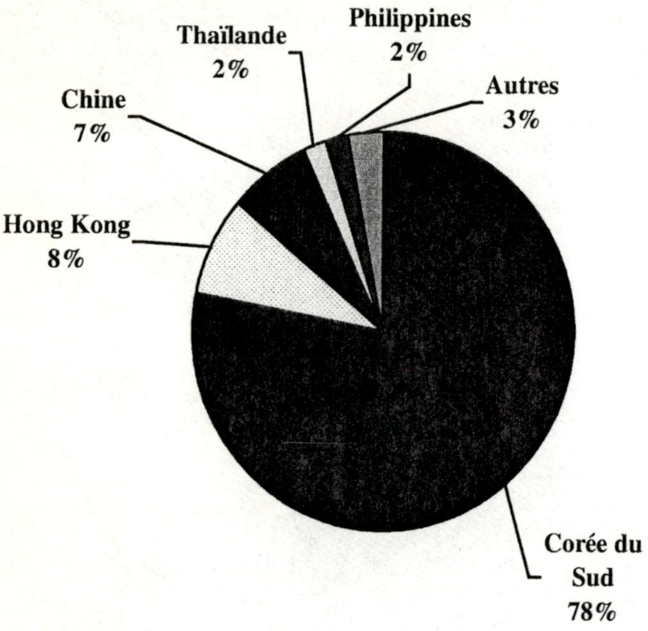

Source : Customs and Tariff Bureau, Ministère des finances japonais, 2001.

ANNEXE 14

Indicateurs économiques de la Chine entre 1980 et 2001

	1980-1990	1990-2000	2000	2001
PIB total (en milliards de USD)	455,5	1 582,8	4 566,3	5 019,4
Croissance annuelle (en %)	9,3	9,3	8,0	7,3
Taux d'inflation (en %)	6,1	3,4	0,4	0,7

Source : L'Etat du Monde 2003, Annuaire économique géopolitique mondial, (Collectif), Editions La Découverte & Syros, Paris 2002, p. 284.

ANNEXE 15

Répression des infractions relatives à la propriété intellectuelle au Japon

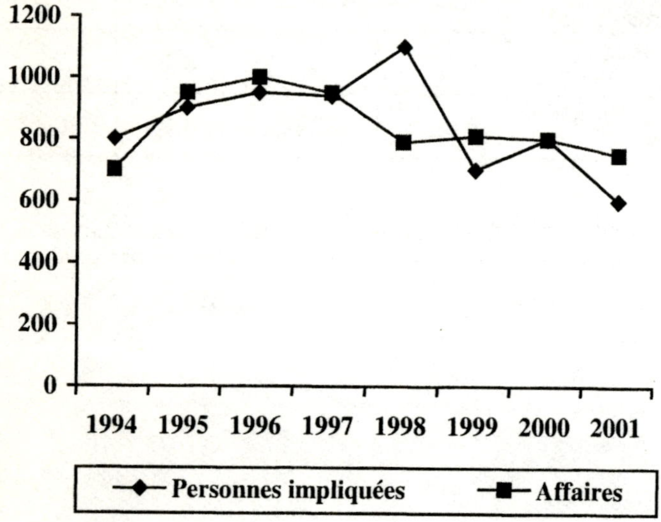

Source : National Police Agency.

ANNEXE 16

Nombre d'articles saisis par les forces de police

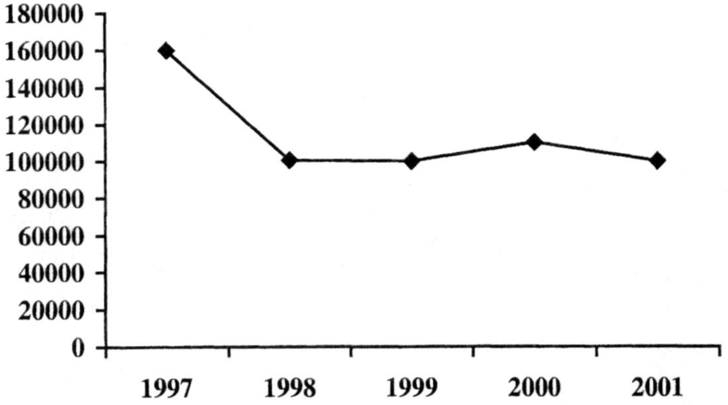

Source : National Police Agency.

ANNEXE 17

Nombre d'interdictions d'importation et nombre d'articles saisis par les douanes japonaises

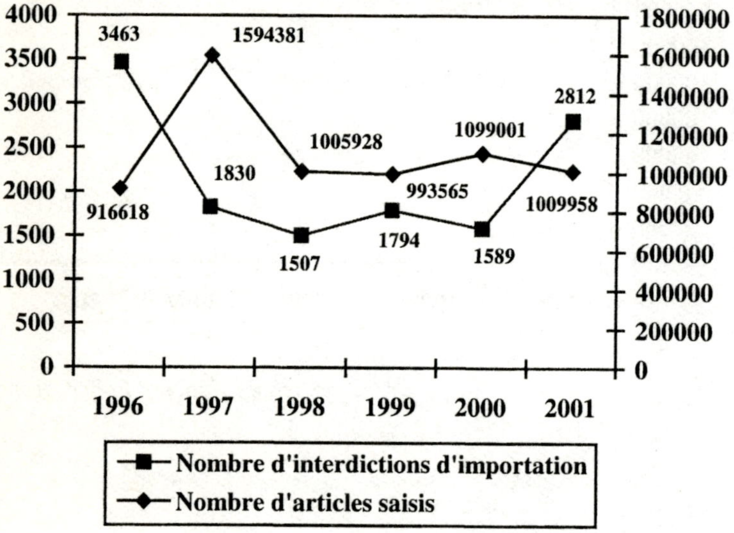

Source : Custom and Tariff Bureau, Ministry of Finances, Japan.

ANNEXE 18

Interdictions d'importation au Japon par pays d'origine

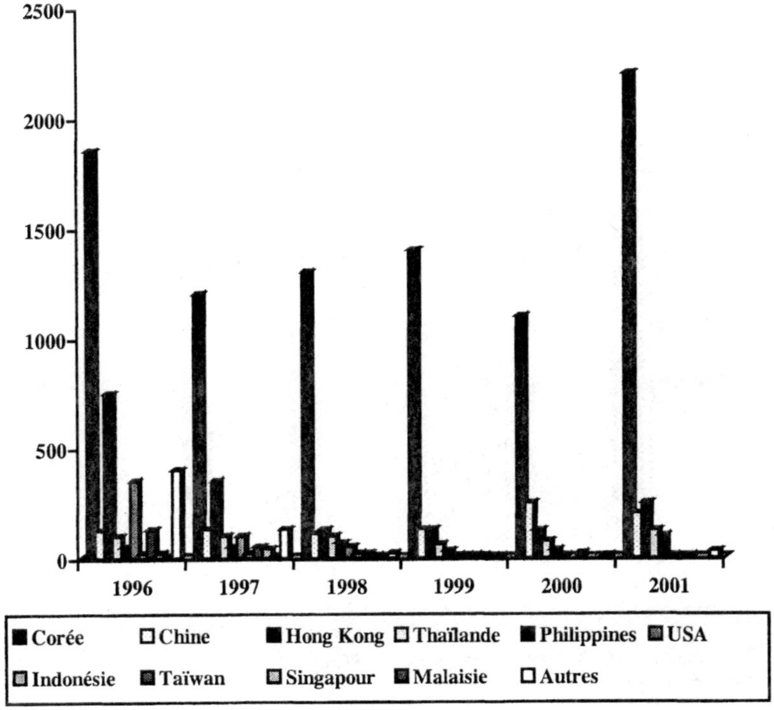

Source : Custom and Tariff Bureau, Ministry of Finances, Japan.

ANNEXE 19

Nombre d'articles saisis au Japon par pays de provenance

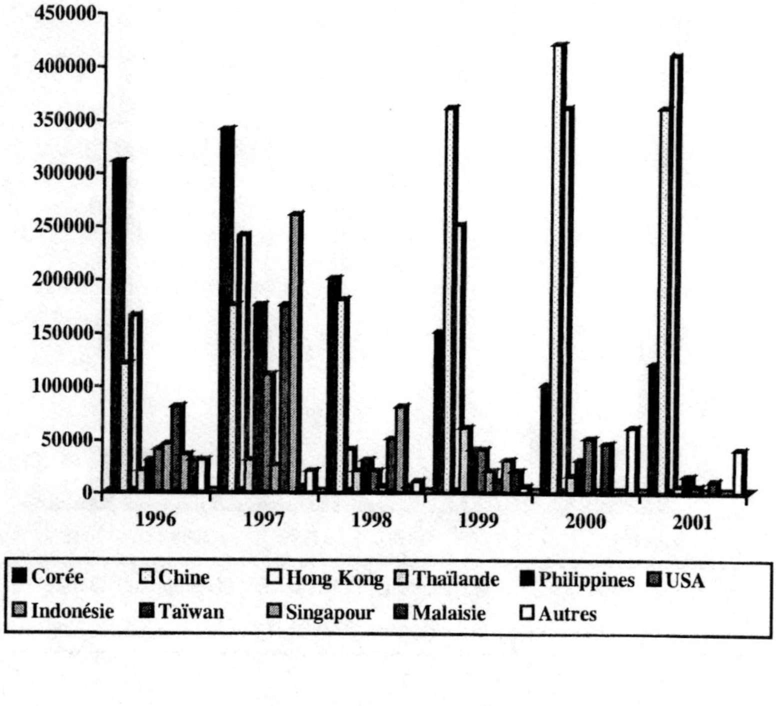

Source : Custom and Tariff Bureau, Ministry of Finances, Japan.

ANNEXE 20

Options laissées à l'importateur durant l'examen douanier suite à la réforme du 28 mai 2001

	Avant le 28/05/2001	Après le 28/05/2001	Commentaires
Destruction volontaire des marchandises	1%	5%	Le stockage et la destruction se font aux frais de l'importateur sous le contrôle étroit des douanes.
Abandon volontaire des marchandises suspectes	5%	34%	Le stockage et la destruction se font aux frais des douanes japonaises.
Remise volontaire des contrefaçons aux douanes	4%	37%	
Réexpédition des produits vers leur port d'origine	90%	23%	Il s'agit d'une réminiscence de la législation japonaise vouée à disparaître.

Source : Document interne des Douanes japonaises.

ANNEXE 21

Coût de l'enregistrement et du renouvellement de l'enregistrement d'une marque commerciale au Japon

	Lors de la demande	**Lors de l'acceptation**
Enregistrement d'une marque		
Honoraires du conseil en PI	830 € + 581 €/classe	203 € + 138 €/classe
Droits	193 € + 138 €/classe	609 €/classe
Total	1 024 € pour 1 classe 1 744 € pour 2 classes	812 € + 1 560 €/classe
Renouvellement de l'enregistrement d'une marque		
Honoraires du conseil en PI	533 € + 221 €/classe	221 €/classe
Droits	1 394 €/classe	1 200 €/classe
Total	1 947 € pour 1 classe 3 563 € pour 2 classes	1 421 €

Note : le tableau ci-dessus correspond au coût d'une procédure purement locale sans recours à la marque internationale prévue par le protocole de Madrid.

Source : Gilles ETIENNE, La Protection des marques commerciales au Japon, PEE de Tokyo, octobre 2001.

ANNEXE 22

Modes de détection des infractions à la propriété intellectuelle

En %	**Secrets de fabrique N=14**	**Brevets N=32**	**Marques N=59**	**Droits d'auteur N=32**
Personnel	79	72	73	78
Dispositifs de surveillance	21	38	34	16
Stocks de marchandises	7	25	31	41
Investigations		13	25	25
Distributeurs	21	13	24	28
Conseils juridiques	14	9	22	22
Plaintes de clients	14	9	22	28
Partenaire contractuel		13	12	6
Audit de PI	7	9	7	
Autres sources externes	36	25	31	25

Note : le total des réponses peut dépasser 100, plusieurs réponses étaient possibles.

Source : KROLL, Catch them if you can, The Kroll Global Survey on Corporate Response to IP Abuse, 2002 Kroll Inc.

BIBLIOGRAPHIE

Ouvrages

BRODBECK David, MONGIBEAUX Jean-François, Chic et toc, le vrai livre des contrefaçons, *Editions Balland*, Paris, 1990.

Cabinet ADAMAS, Le traitement pénal de la contrefaçon en République Populaire de Chine, http://www.adamas.com.cn/Publications_traitement_penal_contrefaçon_chine.htm.

CHAIGNEAU Pascal (sous la direction de), Gestion des Risques Internationaux, *Editions Economica*, Paris 2001.

Collectif, L'Etat du Monde 2003, Annuaire économique géopolitique mondial, *Editions La Découverte & Syros*, Paris 2002.

KROLL, Catch them if you can, The Kroll Survey Report on Corporate Response to IP Abuse, 2002.

MAILLARD Jean de, GREZAUD Pierre-Xavier, Un monde sans loi, La criminalité financière en image, *Editions Stock*, Paris, 2000.

PONS Philippe, SOUYRI Pierre-François, Le Japon des Japonais, *L'Autre Guide, Liana-Lévi/Seuil*, 2002.

Articles

Anonyme, « Panel urges Japan to toughen up in preparation for Chinese ascent », *The Nikkei Weekly*, 30 juillet 2001.

Anonyme, « Crime hits record high on Japan's mean street », *The Japan Times Online*, 10 août 2002, http://www.japantimes.co.jp/cgibin/getarticle.pl5?nn20020810b9.htm.

Anonyme, « Arrests of fake-goods vendors prompt smuggling probe », *The Japan Times Online*, 27 novembre 2000, http://www.japantimes.co.jp/cgibin/getarticle.pl5?nn20001127a7.htm.

Anonyme, « Mom, son held for designer fakes », *The Japan Times Online*, 26 juin 2001,

http://www.japantimes.co.jp/cgibin/getarticle.pl5?nn20010626b1.htm.
Anonyme, « Cosmetics dealer held over unlawful imports », *The Japan Times Online*, 13 juillet 2001, http://www.japantimes.co.jp/cgibin/getarticle.pl5?nn20010713a9.htm.
Anonyme, « Did TV shows sell fake brand goods ? », *The Japan Times Online*, 7 avril 2002, http://www.japantimes.co.jp/cgibin/getarticle.pl5?nn20020407q5.htm.
Anonyme, « That scarf might not be a Burburry », *The Japan Times Online*, 8 septembre 2002, http://www.japantimes.co.jp/cgibin/getarticle.pl5?nn20020908b5.htm.
Anonyme, « LVMH opens 7th Japanese megastore ; says confident despite weak economy », *AFX News*, 1er septembre 2002, http://www.ananova.com/business/story/sm_661866.html?menu=.
Anonyme, *Asahi Shimbun*, 20 octobre 2000.
Anonyme, « Foreign Brand Goods Unaffected by Recession-Companies Boost Offensive in Japan by Opening New Stores », *Foreign Press Center*/Japan 2001, http://www.fpcj/e/shiryo/jb/0105.html.
Anonyme, « Panel urges Japan to toughen up in preparation for Chinese ascent », *The Nikkei Weekly*, 30 juillet 2001.
A.B., « La propriété intellectuelle comme instrument stratégique, Le Japon veut passer de la contrefaçon à la défense des marques », *Le Monde,* 8 novembre 1994.
BADINIER Palmyre, « La folie « Vuitton » et ses faux clients », *Le Monde.fr* 2 décembre 2002, http://www.lemonde.fr/imprimer_article_ref/0,5087,3209300425,00.html.
BAGOT Laurence, « Luxe : de la griffe à la marque », *Enjeux Les Echos*, mars 2000.
BAIZE Delphine, « De la contrefaçon à l'imitation », *Revue française de gestion*, juin juillet août 1999.

BARROUX David, « La consommation des ménages en question », *Les Echos*, 9 octobre 2000.
BEGHIN Frédéric, « Chine : 72 heures avec les brigades anti-faussaires », *Capital*, mai 1999.
BEGHIN Frédéric, « Comment les marques se protègent », *Capital*, mai 1999.
BOBIN Frédéric, « Contrefaçon au marché de Xiushui », *Le Monde*, 25 octobre 2002.
B. Bruno, « Les nouveaux Tanguy », *Le Nouvel Observateur*, 30 mai – 5 juin 2002.
BRIE Christian de, « Etats, mafias et transnationales comme larrons en foire », *Le Monde diplomatique*, avril 2000, http://www.monde-diplomatique.fr/2000/04/DE_BRIE/13634.
CALVI Fabrizio, « Le crime est plus que parfait », *Challenges Hors Série*, décembre 1991.
Cabinet OTA & Associés, « Article : L'Union des Fabricants au Japon, une réussite nippo-française », *Info Japan*, décembre 1997.
CHANGY Florence de, « Les contrefacteurs changent de pays au gré des contrôles ou des occasions », *Le Monde*, 26 décembre 2002.
CHEVALLIER Sylvie, *CB News* n° 595, 20 au 26 décembre 1999.
CHUL-GUN Cheong, « Customs warns on counterfeit goods », 5 décembre 2002, http://english.joins.com/article.asp?aid=20021205022626&sid=400
DOURILLE-FEER Evelyne, « Les nouvelles inégalités », *Economie Internationale (CPII)*, n° 84, 4e trimestre 2000.
EPINAY Bénédicte, « La crise asiatique n'est plus qu'un mauvais souvenir pour les membres du Comité Colbert », *Les Echos*, 23 juin 1999.
EPINAY Bénédicte, « LVMH célèbre le retour d'une croissance à deux chiffres en Asie », *Les Echos*, 23 juin 1999.
EUI-DAL Song, « Foreign Brands Battle Armies of Local Counterfeiters », *The Chosun IIBO*, 10 mai 2001.
FALCON Adrien, « Les grandes marques ajustent leur riposte », *La Tribune*, 19 juillet 2002.
FORESTIER Nadège, « La contrefaçon attire les mafias », *Le Figaro Economie*, 2 juillet 1998.

GAGNON Marie-Julie, « Au pays du faux », *La Presse,* 6 septembre 2002, http://cyberpresse.ca.

GOLDIE Sabine, « L'archipel nippon à la recherche de la croissance perdue », *Le Nouvel Economiste*, 25 octobre 2002.

GRANDI Michel de, « Tout en luttant contre la corruption, Pékin veut s'attaquer à la contrefaçon », *Les Echos*, 13 décembre 2000.

GRASSET Loïc, « Produit par produit, l'atlas mondial de la piraterie », *Capital*, mai 1999.

HASKI Pierre, « Grande Traque à la contrefaçon en Chine », *Libération*, 16 juillet 2001.

HENNO Martine, « Le Japon, éternel eldorado des griffes », *Le Figaro*, 8 juillet 2002.

HOELTGEN Dominique, « L'argent du voyage reconverti en achats », *CB News Spécial Luxe*, n° 684, 17 au 23 décembre 2001.

ICC Commercial Crime Service, « New Guide to help businesses fight fakes », 9 mars 2001, http://www.iccwbo.org.

I.X., « LVMH porté par la nette reprise en Asie », *Les Echos*, 20 septembre 1999.

JACOBERGER Virginie, « Après l'Asie le beau temps », *Valeurs Actuelles,* 20 novembre 1999.

KATTOOLAS Velisarios, « Counterfeiting : Bags of Trouble », 21 mars 2002, http://www.feer.com.

KEIZAI Yano, « Depuis que l'Asie pleure, l'Europe rit », *CB News Spécial Luxe*, n° 551, 21 au 27 décembre 1998.

LEJEUNE-PIAT Marie et VIDAL Françoise, « Depuis que l'Asie pleure, l'Europe rit », *CB News Spécial Luxe*, n° 551, 21 au 27 décembre 1998.

LEJEUNE-PIAT Marie, « Les nouveaux challenges », *CB News Spécial Luxe*, n° 684, 17 au 23 décembre 2001.

LEJEUNE-PIAT Marie, « La contrefaçon se développe depuis l'Asie dans le monde entier », *CB News Communication*, 20 décembre 1999.

LE ROUX Chantal, « Domino ou la technologie laser au service du champagne », *CEM*, n° 630, mai 1999.

MARCHAND Stéphane, « Les consommateurs japonais sont tétanisés », *Le Figaro Economique*, 23 janvier 2001.

MARQUE Henri, « Le luxe, Le triomphe du label France », *Valeurs Actuelles*, 24 novembre 2000.

MOLHO François, « Le luxe dans tous ses éclats », *Valeurs Actuelles*, 20 novembre 1999.

MOSSU Laurent, « Un travailleur sur deux dans l'économie parallèle », *Le Monde*, 5 juin 2001.

NAKAMURA Usagi, *Nikkei Sangyo Shimbun*, 25 janvier 2001.

OLLIVIER Stéphanie, « L'Empire du Milieu s'éveille aux grandes marques par l'étiquette », *CB News Spécial Luxe*, n° 551, 21-27 décembre 1998.

PONS Philippe, « La contrefaçon prospère sur le marché du luxe au Japon », *Le Monde*, 9 octobre 2002.

PONSOLE DES PORTES Elisabeth, « Les industriels face à la contrefaçon », *ENA Mensuel*, n° 288, 1999.

PRIDEAUX Eric, « Designed to deceive », *The Japan Times Online*, 24 novembre 2002, http://www.japantimes.co.jp/cgi-bin/getarticle.pl5?fl20021124a2.htm.

RAMBAUD Humbert, « Contrefaçon Pillage industriel », *Valeurs actuelles*, 24 novembre 2000.

RODIER Arnaud, « Yves CARCELLE : Les habitudes des consommateurs japonais ont changé », *Le Figaro Economie*, 8 et 9 décembre 2001.

RODIER Arnaud, « La montée du chômage ébranle le modèle social japonais » *Le Figaro Economie*, 2002.

ROWLEY Anthony, « Le Japon dans l'impasse, Une crise structurelle ou conjoncturelle ? », *Problèmes Economiques*, n° 2613, 21 avril 1999.

SAGET Estelle, « Attention, il y a un mouchard dans vos produits de luxe », *L'Expansion*, n° 575, du 11 au 24 juin 1998.

SAKUMA Yoshio, « Le nouveau Japon », *Sociétal*, n° 25, juin 1999.

WERLY Richard, « Le Japon courtise ses filles prodigues », *Libération*, 13 novembre 2002.

YOON Suh-Kyung, « Shanghai Chic », 21 mars 2002, http://www.feer.com.

Documents Officiels

DELORME Jacques, PASSERI Stéphane, « Bilan des mesures mises en œuvre en Asie en matière de protection des droits de la propriété intellectuelle », *Revue Asie Stratégie DREE*, n° 95, 15 novembre 2001, MINEFI-DREE, ME Singapour, http://www.dree.org/asie/_private/abstract_ged.cfm?IDDocument=23836.

DERICAUD Yves, « Le Ministre du Commerce Extérieur à Séoul », *Actualités, Objectif Corée*, MINEFI-DREE, 28 novembre 2002, http://www.dree.org.

ETIENNE Gilles, La Protection des marques commerciales au Japon, *PEE de Tokyo*, octobre 2001.

GOUAULT Jean-Pierre, « Le marché du duty-free en Corée : le retour à la normale », *Objectif Corée MINEFI-DREE*, 14 juin 2002, http://www.dree.org.

ICC COMMERCIAL CRIME SERVICE, « A brief Overview of Counterfeiting », 2001, http://www.iccwbo.org/ccs/cib_bureau/overview.asp.

LAUMONIER Etienne, La propriété industrielle au Japon, Eudes des Missions Economiques, Tokyo, *Editions du CFCE*, juin 2002.

METI, Issues Regarding Accession of China, Russia, and Taiwan to the WTO, 2 juin 2001, http://www.meti.go.jp/english/report/downloadfiles/gCT0116e.pdf.

OCDE, Les Incidences économiques de la contrefaçon, Rapport OCDE, Paris 1998, http://www.oecd.org.

OCDE, « Evaluation et Recommandations », *Examens territoriaux de l'OCDE Corée*, 8 décembre 2002, http://www.oecd.org.

ORGALIME, Combattre la contrefaçon, un guide pratique à l'usage des sociétés industrielles européennes, *Guide Orgalime*, octobre 2001.

PASSERI Stéphane, « Lutte anti-contrefaçon et anti-piraterie, l'Asie à la croisée des chemins », *Revue Asie Stratégies*, n° 107, 21 juin 2002, MINEFI-DREE, ME Bangkok, http://www.dree.org/asie/_private/abstractged.cfm?IDDocument=35144.

PONCE Jacques-Olivier, Le lobbying au Japon, Comment organiser son réseau d'influence, Ambassade de France, Service Economique et Commercial, Tokyo, juillet 1993.
SCHLOSSER Mélanie, « Les instruments de la lutte anti-contrefaçon en Chine », *Fiche de synthèse*, MINEFI-DREE, actualisation mars 2002, ME Pékin, http://www.dree.org/chine.
UNION DES FABRICANTS, Les nouvelles tendances de la contrefaçon et de la piraterie, juin 2001, http://www.unifab.com.
VOGUË Grégoire de, Les Entreprises Françaises et la Contrefaçon en Chine, *Dossier de l'Union des Fabricants*, 21 novembre 2001, http://www.unifab.com.

Thèses et mémoires

AYMARD Agnès, Comment rester compétitif sur le marché des produits de luxe, au Japon et en Asie du Sud-Est ?, ESIAE Paris, 1997/1998.
BOUSSEMART Edmond, Le secteur du luxe au Japon, Mastère HEC, décembre 2000.
BRAUD Bénédicte, La contrefaçon et les produits de luxe, Université Pierre Mendés France Grenoble, 1999-2000.
BRESSE Ariane, 1945-1990 : la mode de la France au Japon, Université de Paris I Panthéon-Sorbonne, 1998.
CORVIOLE Ingrid, Le luxe a-t-il besoin d'un lobbying ?, Institut Supérieur de Marketing du Luxe créé par Cartier, 1994.
REYNAUD Henri-Michel, La lutte contre la contrefaçon des produits de luxe, Mémoire FACO, 1992.
TASSONNEAU Aurélie, La contrefaçon : un fléau pour l'industrie du luxe, Sup. de Co Rennes, juillet 2001.

Entretiens et Colloques

Colloque régional du 13 au 15 mai 2002, « Quel Avenir pour la propriété intellectuelle en Asie ? », La Maison du Droit Vietnamo-Française et l'Institut Nationale de la Propriété Intellectuelle, Hanoi, Vietnam.

Table ronde sur la contrefaçon du 17 janvier 2002 à l'Hôtel Westminster de Paris, Propos recueillis par Yves MORITZ et Florence GREMAUD, « La Contrefaçon, Un fléau en expansion », *LE BIJOUTIER*, n° 699, mars 2002.

Entretien avec Philippe MASSET, alors Directeur Général de Rolex France, Propos recueillis par F.G., « Non à la contrefaçon », *Les tables rondes du Bijoutier, Le Bijoutier*, n° 699, mars 2002.

Entretien avec Olivier MELLERIO, Propos recueillis par Isabelle MUSNIK, « Aider les marques françaises à se développer à l'étranger », *CB News Spécial Luxe*, n° 728, 16 au 22 décembre 2002.

Entretien avec Alain TEITELBAUM, « L'industrie du luxe face à la contrefaçon », *ENA Mensuel*, n° 288, 1999.

Sites Internet

http://www.abc-luxe.com
http://www.adamas.com.cn
http://www.ananova.com
http://www.asiaweek.com
http://www.cyberpresse.ca
http://www.comite-colbert.com
http://www.dree.org
http://english.joins.com
http://www.fakegiftcom
http://www.feer.com
http://www.fpcj/e/shiryo/jb
http://www.houseoflv.com
http://www.iccwbo.org
http://www.interpol.int
http://www.latribune.fr
http://www.lemonde.fr
http://www.liberation.fr
http://www.loui.com
http://www.lvmh.fr
http://www.meti.go.jp

http://www.monde-diplomatique.fr
http://www.swiss-replica.com
http://www.unifab.com
http://www.vuitton.com
http://www.wcoomd.org
http://www.wipo.org

TABLE DES ANNEXES

TABLE DES MATIERES

Achevé d'imprimer par Corlet Numérique - 14110 Condé-sur-Noireau
N° d'Imprimeur : 16486 - Dépôt légal : mars 2004 - *Imprimé en France*